Jürgen Fliege

MENSCHENFLÜSTERER

Jürgen Fliege

Menschenflüsterer

Schutzlose
Erinnerungen

Herbig

Besuchen Sie uns im Internet unter
http://www.herbig.net

1. Auflage Oktober 2000
2. Auflage Februar 2001

Schutzumschlaggestaltung: Wolfgang Heinzel
Schutzumschlagfoto: © TeleTime
gesetzt aus: 11,5/14pt Caslon
Satz: Andrea Cobré
Druck und Binden: GGP Media, Pößneck
Printed in Germany
ISBN 3-7766-2186-9

Stephan Dartnell,
der mich »erkannte«.
Seligen Angedenkens

Inhalt

Prolog 8
Menschenflüsterer 13
Omen. 23
Hilflosigkeit. 28
Beistehen 63
Erkannt werden und Erkennen 81
Gegen den Strom 96
Hilferufe 118
Warum? 126
Die andere Wirklichkeit. 150
Vorgeschmack des Himmels 178
Leben als Geschenk. 196
Epilog 209
Hinweis 219

Prolog

»Verdammt!«

Der Kerl ist wieder da! Und was hat er jetzt für ein Messer? Ich habe ihm doch seinen Dolch erst vor zwei Stunden mit einer Engelsgeduld abgerungen. Woher hat er jetzt wieder ein Messer?

Die Klinge blitzt durch den Briefschlitz. Ich sehe seine dunkle Silhouette, die von der Straßenlaterne gegen die gläserne Pfarrhaustür geworfen wird. Diesmal habe ich schlechte Karten. Verdammt!

Was soll ich tun? Ich bin allein. Oben im ersten Stock schlafen seine Frau und seine Tochter und der Kerl steht kurz nach Mitternacht wieder vor meiner Tür. Was heißt stehen? Er poltert, tritt, randaliert, tobt, bückt sich und sticht wieder und wieder mit dem Messer durch den Briefschlitz in der Tür. Und betrunken ist er auch. Oh, mein Gott!

Dabei war ich vor ein, zwei Stunden noch sicher, dass ich die Kuh vom Eis geholt hatte.

Ich wusste ja, dass bei ihm der Haussegen schief hing. Und irgendwann hatte ich seiner Frau, die ihr Töchterchen vom Pfarr-Kindergarten abholte, wohl gesagt, wenn sie nicht wüsste wohin, solle sie ruhig bei mir klingeln. Ich bin da ein bisschen zu großmäulig, glaube ich. Immer noch. Es ist nicht nur das Herz.

Und dann stand sie tatsächlich eines Abends mit ihrer Tochter und ein paar Utensilien bei mir vor der Tür. Völlig aufgelöst. Ihr Mann sei hinter ihr her und ich hätte doch versprochen...

Hatte ich! Hatte ich! Manchmal ist mein Leichtsinn eben größer als meine Fähigkeiten. Aber gehört nicht eine ganze Portion Leichtsinn dazu, sein Leben und das Leben anderer Menschen sozusagen zur Verwahrung in unsichtbare Hände zu geben?

Ich hatte sie dann mit dem Kind oben im ersten Stock untergebracht. Da lagen auf dem Teppich zwei Matratzen und ein paar Decken. Die wurden immer wieder gebraucht.

Weinend hatte sie sich und ihr Kind in die Decke eingedreht und ich hatte leise die Tür geschlossen und war noch einmal nach unten gegangen. Lavendeltee kochen. Beruhigt die Nerven. Wirkt Wunder. Lässt einschlafen. Schmeckt zwar irgendwie nach Seife. Das Kind würde wohl keinen Schluck nehmen. Aber wenn die Mutter schläft, würde ihr das Kind folgen. Wie immer.

Ich würde wohl noch etwas wach bleiben müssen. Man weiß ja nie. Der Mann. Eine Treppe müsste er schon erstürmen. Wenn er denn kommen würde. Wie den Turm einer mittelalterlichen Burg. Und durchs ganze Pfarrhaus müsste er vorher auch noch.

Ich wohne allein im Pfarrhaus und habe an diesem Abend einen befreundeten Psychologen zu Gast, mit dem ich hinter dem Haus den lauen Sommerabend genießen will. Auf alte Zeit anstoßen. Studentenerinnerungen.

Da klingelt es an der Haustür. Alles, was ich an Adrenalin habe, schießt mir durch den Körper. Der Mann! Poltern gegen die Glastür, Sturmläuten. Schreie, Aufmachen!

Der Mann ist da! Schrecksekunden!

Wie stehen die Chancen? Mein Psychomann würde mir keine Hilfe sein. Er trägt ein Kettchen um den Hals, hat die Beine übereinander geschlagen und starrt mich bloß an. Gott sei Dank ist die Haustür aus Stahl und das Glas darin Verbundglas. Selbst wenn er es zerschlagen würde, mit seinem Drahtgitter wird es mir noch ein wenig Schutz bieten. Nebensächlichkeiten, die plötzlich eine Bedeutung bekommen.

Mein Herz schlägt heftig. Was soll ich machen? Tür auf? Nie und nimmer! Oben schlafen seine Frau und sein Kind. Reden! Aber was? Mein Gott, was soll ich mit ihm reden? Der Kerl schlägt und tritt seine Frau vor den Augen seiner kleinen Tochter und ich soll mit ihm liebevoll und verständnisvoll reden? Was soll ich mit ihm reden?

»Gemach, gemach!«, höre ich mich sagen, als ich von innen langsam den Flur entlang auf die Haustür zugehe. »Gemach, gemach! Was ist denn los?«

»Tür auf! Mach die Tür auf, Fliege, sonst trete ich sie ein!«

»Da wäre ich ja verrückt, dir die Tür aufzumachen. Was willst du überhaupt?«

»Quatsch doch nicht so dumm, Fliege! Ich will meine Frau! Gib meine Frau raus, du Sau, aber dalli! Gib die Frau raus oder ich bringe euch alle um!«

Jetzt nur nicht dumm reagieren. Ihn bloß nicht reizen. Ich bin hellwach. Heller und wacher geht es gar nicht. Ich habe Angst. Aber es ist nicht die Angst, bei der ich am liebsten die Augen zumachen würde. Es ist die Angst, die wie ein Alarmzeichen durch meine Adern pulsiert.

Jetzt keinen Fehler machen. Jetzt entscheiden Worte, Nuancen, Ideen, Schnelligkeit. Oder auch nichts davon, weil etwas ganz anderes passiert und entscheidet. Aber das andere musst du eher spüren als der Kerl da draußen. Du musst es wittern! Ich überprüfe jetzt jedes Wort, bevor ich es sage, und lehne mich im Vorflur neben der Haustür von innen vorsichtig an die Wand.

»Stimmt. Deine Frau ist hier. Deine Tochter auch. Und die können auch diese Nacht hier bleiben! Ich hab sie aufgenommen. Ist okay so.«

»Du Arschloch, gib meine Frau raus! Ich zähle jetzt bis drei, dann trete ich die Tür ein!«

Wenn ich ihm jetzt sage, dass die aus Stahl ist, reize ich ihn nur noch mehr. Also Mund halten, Fliege!

»Lass uns reden, Mann!«

Langsam lasse ich mich an der Wand runter auf den Boden gleiten. Am Boden bin ich sicherer. Als wenn ich mich in der Not erden müsste. Er muss draußen im Dunkeln gemerkt haben, dass meine Stimme jetzt von unten kommt. Sehen kann er mich nicht. Aber ich sehe, wie sein Schatten draußen auch langsam in die Knie geht. Setzt er sich jetzt auch vor die Türe hin wie ich?

Da saust eine Messerklinge durch den Briefschlitz. Genau in meine Richtung. Zum Glück knapp vorbei.

Verdammt! Der Kerl hat ein Messer! Einen Dolch! Der macht ernst!

»Okay, ich sehe, dass du es ernst meinst. Lass das Messer stecken. Hat keinen Zweck. Versteh dich ja. Es sind schließlich deine Frau und deine Tochter. Sie gehören zu dir. Klar. Aber diese ...«

Da! Schon wieder das Messer! Um ein Haar hätte er mich am Knie erwischt. Ich muss weiter weg von der Tür. Aber ich muss doch nah dran bleiben. Ich muss doch reden, als wenn ich ganz nah bei ihm wäre. Das ist doch mein Geheimnis. Mein Rezept. Dranbleiben. An seiner Seite sein. Ich muss doch auch diesem Mann an der Seite sein. Ich muss ihm klarmachen, dass ich ihn nicht verurteile. Ich muss sehen, was er sieht. Ich muss fühlen, was er fühlt. Ich muss fürchten lernen, was er fürchtet. Ich muss ein Teil von ihm werden. Nur so habe ich eine Chance. Wenn ich mich jetzt zurückziehe, ist alles verloren. Solange ich da bin, gibt es die Chance, dass er redet.

»Also komm, erzähl! Warum geht dir deine Frau auf den Geist?«

Und da, plötzlich, legt er los. Er redet! Gott sei Dank! Er redet und redet und redet. Und irgendwann kriege ich ihn dazu, das Messer durch den Briefkastenschlitz zu werfen. Ein Fahrtenmesser, Finnendolchimitation.

Gewonnen! Ich wünsche ihm eine gute Nacht. Bis Morgen, da sehen wir weiter.

Denkste!

Jetzt ist er wieder da. Und jetzt wird's brenzlig. Soll ich die Polizei anrufen? Seitdem ich hier bin, in diesem Dorf am Niederrhein, hat man schon drei Leute umgebracht. Der Erste wurde an der Tankstelle erschossen. Der Zweite erstach seinen eigenen Vater. Und ich selbst mache auch nicht den Eindruck von »Hochwürden«, vor dem man eventuell zurückschrecken würde.

Nein! Es wird ernst! Er fühlt sich wohl von mir über den Tisch gezogen. Er wittert, von mir betrogen worden zu sein. Nach dem Motto: Wie konnte ich nur so blöd sein, dem Pfaffen mein Messer dazulassen! Und getrunken hat er sicher auch wieder.

Jetzt wirft er sich gegen die Tür! Es ist aus!

Menschenflüsterer

Ich sollte wohl ein »Menschenfischer« werden und kein »Menschenflüsterer«. Aber wer weiß schon am Anfang, was am Ende aus ihm wird? Das Wort vom »Menschenflüsterer« gab es in meiner Kindheit auch noch gar nicht.

»Menschenfischer« aber gibt es schon seit fast zweitausend Jahren. Und was für welche! Ein Mann namens Simon Petrus aus den vertrockneten Halbwüsten Palästinas soll der Erste gewesen sein.

Doch der erste Petrus war ein ungestümer vorwitziger Mann um die dreißig. Einer, der sicher etwas von Fischen verstand. Von Menschen aber hatte er wenig Ahnung. Nein, er hatte überhaupt keine! Er war ein Mann, von dem nicht gerade bekannt geworden ist, dass er für eine ausgeprägte Sensibilität stand. Er war einer, der wegen seiner Ängste auffiel. Einer, der um sich schlug.

Sein Fischermesser zog er schneller als andere. Und hinter dem Rücken anderer spielte er seine Machtspielchen. Er war ein verunsicherter Aufsteiger, mehr nicht.

Menschenfischer, die sich auf ihn beriefen, aber waren seitdem immer mächtige Männer gewesen. Organisiert wie in einem Geheimbund. Ganz in Schwarz gekleidet. Mit ihren donnernden Stimmen trieben sie seit Jahrhunderten die Menschenseelen in großen dunklen Häusern zusammen.

Warum nur wollte ich so ein Menschenfischer werden? Ganz einfach: Weil ich es nicht anders wusste. Ich war noch nicht mit meiner Nase an die unsichtbaren Wände aus Angst und Neurosen, Macht und Tradition gestoßen. Aber irgendwann würde auch ich diese Grenzen kennen lernen. Würde ich dann umkehren wie all die anderen, die auszogen, um erwachsen zu werden? Ein Mensch unter Menschen. Oder würde ich mutig weiterschwimmen? Mit von Angst und Stress geweiteten Augen? Rein ins Verbotene. Quer durch die Tabuzonen. Alles auf eine Karte setzend: Freiheit oder Niederlage. Sieg oder Kreuz. Hosianna oder Kreuziget ihn.

Es sprach nicht viel für so einen Weg des Herzens. Ich war ein Angsthase. Ich hatte doch schon die Hosen voll, wenn ich nur einmal durch die Holunderhecke in den Garten der alten Nachbarin kriechen sollte. Der Ball war wieder einmal über die Hecke geflogen und die Alte hatte noch nichts bemerkt. Vorsichtig schlich ich zur Hecke. Ich schob ein paar Blätter zur Seite, um besser sehen zu können. Gebückt und mit dem Rücken zu mir kratzte sie mit der Harke auf dem schweren Boden herum. Die Gelegenheit war günstig. Wenn man nur schnell genug wäre, könnte es gelingen. Mein Herz schlug. Ein paar Schritte zur Seite, da, wo man unten am Boden entlang durch die Hecke kriechen konnte. Zehn Schritte über das Kartoffelbeet, den Ball und dann zurück. Es müsste gehen. Es würde gehen!

Und doch: Ich habe mich nicht getraut. Zu sehr glich die Alte in ihren schwarzen Kleidern, den dicken schwarzen Strümpfen und den Gummischuhen der Hexe aus den Märchenbüchern. Sie schaute genauso über die Brille hinweg. Sie war sicher eine Hexe. Zudem war sie katholisch. Und katholisch war verdächtig.

Ihre Kirche war voller Geister. Ich habe sie selbst gesehen. Einmal, als ich die schwere Bronzetür mit aller Kraft nach innen wuchtete. Es war ziemlich dunkel! Die Augen mussten sich erst daran gewöhnen. Da und dort murmelten Frauen, die damit nicht aufhörten. Und an den Wänden war alles voller Figuren. Und komisch gerochen hat es auch. Und das machen die extra!

Wirklich, es sprach nichts dafür, dass ich irgendwann einmal an meinen Ängsten vorbeiziehen würde. Ich würde wohl gehorchen bis ans Ende. Aus lauter Angst. Sogar unser Hahn hatte mehr Courage als ich. Auf den Kopf war er mir geflogen. Da war ich zwei, vielleicht drei Jahre alt. Und er trappelte Halt suchend auf meinem Kopf herum.

Hilfe! Hilfe! Aber ich schreie nicht. Ich kann nicht. Ich darf nicht. Der Hahn würde es sofort merken und mir die Augen auspicken. Dem Postboten war er vor ein paar Tagen erst auf die Lenkstange des Fahrrads geflogen. Und der hatte Reißaus genommen.

Starr halte ich meinen Kopf nach oben. Stillhalten. Der Hahn balanciert da oben auf meinem Kopf herum. Ich spüre, wie er von einem Bein auf das andere tritt. Vorne die Krallen.

»Mama!«

Nicht, dass er runterfällt, denn dann ist es ganz aus.

»Hilf mir doch!«

Er pickt mir die Augen aus.

Da verspreche ich ihm als Dreikäsehoch, dass ich mein ganzes Leben lang lieb sein werde.

»Ehrlich, lieber Hahn, wenn du mich in Ruhe lässt, dann will ich immer lieb sein, ehrlich!«

Mir war weiß Gott nicht nach Abenteuern. Lieber wollte ich lieb sein.

Und wenn ich doch gehen würde? Wenn ich eines Tages mehr erfahren hätte als die zu Hause Gebliebenen, die an den Grenzen des Lebens lieber umgekehrt waren? Was würden sie aus mir machen, wenn ich zurückkäme? Wenn ich wie ein Prophet im eigenen Land sagen würde, dass die

Frauen ein anderes Wissen haben als die Männer. Männer, werde ich sagen, sind Weltmeister im Kämpfen und Erobern. Aber genauso im Verdrängen und Weglaufen. Das macht nichts. Das ist ihr Talent. Meines auch. Und die Frauen, würde ich herausfinden, die Frauen sind Weltmeister im Aushalten. Sozusagen von Natur aus. Sie tragen nicht nur Kinder aus. Sie tragen mit dieser Geburtsmethode alles aus. Und es kommt darauf an, dass Männer und Frauen gegenseitig aus ihren Erfahrungen lernen.

Und die alten Menschen gehen andere Wege als die Jungen. Die Jungen glauben an die Freiheit. Und dass sie selber entscheiden können, ob sie links oder rechts gehen. Sie glauben an den freien Willen. Die Alten schütteln nur mit dem Kopf. Sie sehen, dass sich die Lebensjahre wie Mosaiksteine zu einem Lebensbild zusammenfügen. Wer hat das gefügt? Das ist die Frage der Alten. Und endlich würde ich zurückkommen und erzählen, dass der Körper mit seinen Sinnen sogar ein Himmelstor ist.

Was würden die Leute zum Propheten im eigenen Land sagen? Und noch besser: Was würden sie aus mir machen?

Ich nehme an, dass es mir genauso ergehen wird, wie all den anderen vor mir: Die Angstbesetzten werden mich niedermachen und die Unruhigen wollen, dass ich ihnen heimlich das Tor aufmache zu ihrer Freiheit.

Ich wollte ein »Menschenfischer« werden, ein Pastor, ein Pfarrer. Mein frommer Großvater wusste es. Er war daran auch nicht ganz unschuldig. Er lachte. Und wenn er lachte, dann kicherte er mit seinem einzig verbliebenen Zahn. Dritte Zähne lehnte er ab. Und gezogen hat er sich die meisten selber. Und er streichelte mir meine dicken rosigen Speckschenkel, wenn ich ihm von meinen Berufsträumen erzählte. Es war die Hand mit der abgesägten Daumenkuppe. Und seine Daumenkuppe war weich, sooo weich. Was steckte nur für eine unheimliche Geschichte hinter dem weichen Daumenknochen? Irgendwann würde ich es erfahren.

Da haute er mir leicht mit der flachen Hand auf die rosigen Schenkel und lachte.

»Komm, mein Bürschchen. Guck auf die Augen in den Kartoffeln, die du durchschneidest. Jede Hälfte muss Augen haben. Sonst kann sie doch in der Erde nicht sehen. Sie muss doch wissen, wo oben ist und wohin sie wachsen muss. Alles, was wächst, wächst in den Himmel. Vorsicht! Pass auf das Küchenmesser auf. Wenn wir fertig sind, gehen wir in den Garten und pflanzen die Kartoffeln. Es wird Zeit. Und auf dem Weg kannst du ja weitererzählen. Alles hat seine Zeit.«

Und dann schaute er durch seine Nickelbrille wieder auf die Arbeit seiner Hände. Die Setzkartoffeln waren dieses Jahr doch ein wenig arg trocken.

Pastor wollte ich werden. Meine Mutter wusste es auch längst und schmunzelte leise. Wie ernst ist es einem Jungen zwischen vier, fünf, sechs Jahren schon mit seinem Beruf? Da fließt noch viel Wasser den Rhein runter.

Und einer meiner Brüder zog mich damit sogar auf: »Meine Damen und Herren, liebes Stadion, begrüßen Sie mit mir den neuen Pater Leppich!«

Wut kroch in mir hoch. Blanke Wut. Und der will mein Bruder sein? Ein Arschloch ist er! Ein richtiges Arschloch! Wenn ich doch nur größer und stärker wäre und ich ihm eins aufs Maul geben könnte! Aber so, mit zwei, drei Jahren Abstand, musste ich die Klappe halten.

Aber »Arschloch« habe ich doch gezischt. Wörter haben ihre ganz eigene Macht. Und wie stark und mächtig die Wörter waren, konnte ich immer entweder sofort oder ein paar Minuten später in meinem Gesicht ablesen. Er scheuerte mir eine.

Mein Vater war dagegen, dass ich Pastor werden wollte. Aber er hat es mir erst gesagt, als ich endlich das Abitur hatte. Er sagte: »So ein Abitur wirft man doch nicht weg, um Pastor zu werden?«

Aber sonst? Da war niemand, der mich warnte. Wie denn auch? Pastor sein war doch harmlos. Pastoren tun einem doch nichts. Und in meiner frommen Gegend, südlich von Wuppertal, wo es fast mehr Kirchen als Kneipen gab, war auch niemand, der mir die Augen dafür öffnete, dass richtige »Menschenfischer« auch richtige Menschen fischen müssten.

Mir müssten eines Tages also freie Menschen in meine dunklen Netze gehen. Oder dass ich Angeln auslegen müsste, um Menschen an den Haken zu bekommen. Pastoren, Hirten und Menschenfischer haben gemeinsam, dass sie Schafe oder Fische nicht zusammentreiben, damit sie leben, sondern um sie umbringen zu können. Warum sagt einem keiner diese einfache Tatsache? Warum gaben sich die meisten Lehrer der Schulen und Universitäten, der Kirche und Synoden alle Mühe, diese schlichte Tatsache zu verschleiern?

Nein, das stimmt so nicht. Die meisten Lehrer hatten längst resigniert. Aber wären da nicht in all meinen Lebensabschnitten Frauen und Männer gewesen, die den Schein der Freiheit noch in den Augen hatten und mich mit diesem Licht erkannten, ich wäre jetzt nicht hier, um Ihnen zu erzählen, wie ein Weg aussieht, der vom »Menschenfischer« zum »Menschenflüsterer« führt.

Es ist, wie bei allen Menschen, meistens ein Weg, den man nicht unbedingt gehen will. Ich weiß nicht, ob die

Angst immer mitgeht. Aber sie geht lange mit. Zusammen mit dem Unberechenbaren. Man geht schließlich immer in die Fremde.

Wir sind Werkzeuge. Wir sind nicht die Schmiede. Wenn man klein ist, hat man noch das Gefühl, dass man selber Herr seiner Schritte sei. Aber je erfahrener man wird, umso eher gibt man den Alten Recht, dass man Schritt um Schritt geführt worden ist und geführt wird. Wenn man jung ist, lernt man notgedrungen das Schreien. Und wenn man alt ist, lernt man das Horchen. Ein Jäger schreit nicht.

Die Erklärung für beide Empfindungen, die frühe und die späte, ist ganz einfach: Die Leinen des Vaters im Himmel sind lang, sehr lang. Er führt uns seit dem Reinfall mit der Arche an einer unendlich langen, geduldig langen Leine.

Aber das ist schon die alles bestimmende Erfahrung aus dem Lehrbuch der Menschenflüsterei. Geduld tritt an die Stelle von Allmacht und Macht. So gesehen ist der Vater des Universums der wahre Menschenflüsterer. Und der Teufel, der in vielen Bildern als Einflüsterer erlebt und gezeichnet wird, ist wieder einmal nur eine verdammt schlechte Kopie.

Das Wort vom »Menschenflüsterer« habe ich dann quasi gestohlen. Oder besser gesagt, ich habe es aufgehoben. Es lag auf meinem Weg. Ich weiß auch, wer es dahin gelegt hat. Aber das bleibt mein Geheimnis.

Im Grunde ist es ja nicht sonderlich originell, vom Pferdeflüsterer Monty Roberts, der mit den Pferden spricht, auf »Menschenflüsterer« zu kommen. Erst recht nicht als Berufsbezeichnung für einen Pfarrer, der jeden Tag auf dem größten Marktplatz des Landes mit den Menschen spricht. Seit mittlerweile sieben Jahren setze ich mich Nachmittag für Nachmittag auf diesen elektronischen Marktplatz und höre zu. Mehr nicht.

Doch! Etwas mehr schon: Mit Geduld! Ich versuche auch, zwischen die Worte zu hören. Die Stimmlage, die Lautstärke, die Pausen. Ich höre den Atem und ich achte auf die Mimik. Und dann und wann behutsame Berührungen. Das Zittern der Hände, den Schweiß auf der Haut. Ich bin da.

Und dann horche ich in mich hinein, welche Geschichten in mir aufsteigen. Was klingt da in mir an? Was macht den Gleichklang aus, vielleicht sogar die Harmonie?

Ich musste fast fünfzig werden, um leise genug zu sein, all dies mitzubekommen.

Fünfzig Jahre Lehrzeit?

*

Alle Welt fragt sich und fragt dann auch mich, wie es kommt, dass meine Gäste mich in aller Freiheit so nah an sich herankommen lassen. So nah wie oft niemanden zuvor. Keinen Vater, keine Mutter, keinen Partner und keine Kinder.

Gibt es dafür eine Erklärung? Ja, die gibt es. Monty Roberts hat sie mir mit seinem Buch vor die Füße gelegt. Er hat sie für die Pferde gefunden, die sein Vater mit Lasso, Prügel und Peitsche demütigte, bis sie ihm würdelos gehorchten. Wie Schafe, die zur Schlachtbank geführt werden. Und als ich das las, von der ersten Seite bis zur letzten in einem Zug durch, da schlug es bei mir ein. Was ist das für ein Vater? Was ist das für ein Mensch? Wie sieht der kleine Junge Monty seinen allmächtigen Vater? Wie sieht der Junge sich selber? Und was entdeckt der kleine Junge in den Augen der Pferde? Was sieht er da? Wie tief sieht er?

Das ist kein Pferdebuch. Das ist ein Menschenbuch. Es gibt ganze Kapitel, da muss ich nur das Wort »Pferde« durch »Menschen« ersetzen. Und auf einmal liegt da vor mir nicht nur die Lebenserfahrung eines Pferdenarren. Mosaiksteine meiner Erfahrungen legen sich wie von selbst zusammen. Und was sie zeigen, ist das Bild eines Menschennarren. Eines Geistlichen, eines Pfarrers. Eines Menschen, der keine Menschenseele mehr abrichten will.

Bei dem Amerikaner gab es zu Anfang die harte, ja brutale Auseinandersetzung mit einem autoritären Vater. Ein Vater, der nicht nur den Pferden den Stolz zu nehmen und zu brechen versuchte. Er hat auch erfolgreich den Stolz seines Sohnes gebrochen. Ein brutaler Vater. Doch solche Erziehung von Menschen und Pferden hat ja nicht nur in einem entfernten Winkel des Wilden Westens stattgefunden. Das war südlich von Wuppertal vielleicht sogar noch brutaler. Viel brutaler, wenn ich ehrlich bin.

Haben uns unsere hilflosen, aber brutalen Väter mit ihren unsichtbaren Fesseln und Knebeln und den nur allzu sichtbaren Schlägen auf unseren Körpern erst auf den Weg zu einem anderen Vater gebracht? Dem Vater der Pferde und Menschen? Dem Vater mit der langen Leine? Dem Seelenflüsterer?

Dann müsste ich nur nach den Menschen und Begegnungen, Ängsten, Tragödien und Dramen in meinem Leben suchen, die mich lehrten, den dritten Weg zu finden. Der dritte Weg, der nicht mehr nur »Sieg oder Niederlage« kennt. Der Weg, der »Geduld« heißt. Der Weg, der davon ausgeht, dass alle Lebewesen ihre Würde haben. Den leisen, langen Weg.

Aber wer zeigte mir diesen dritten Weg? Den Weg der lange Leine, den Weg der Geduld, den Weg des Erkennens, den Weg des Würdigens?

Den Weg, der uns beim Gehen die Augen dafür öffnet, dass wir alle immer schwer an unserem Leben tragen. Es ist der Weg der »Menschenflüsterer«. Leise und geduldig. Es war und es ist ein Weg, der vieles von mir fordert. Manchmal zu viel. Aber es ist mein Weg. Und er ist, so der Himmelsvater will, noch lange nicht zu Ende.

Omen

Der alter Opel P4 der Hebamme steckt wieder in einem dieser verdammten Granatlöcher fest. Und das mitten in der Nacht. Oder ist es schon früher Morgen?

Am Horizont zwängt sich das erste Licht des Tages durch die dunklen Wolken. Der Hebamme selbst ist es im Grunde egal, wie lange sie auf Hilfe warten muss. Wenn nur die junge Frau auf der Rückbank nicht so stöhnen würde. Sie drückt sich mit ausgestreckten Armen gegen die Sitzbank. Offenbar hat sie Schmerzen. Sie ist hochschwanger. Und die Hebamme hat die Wöchnerin ausdrücklich zu dieser Reise in ihrem Wagen ermutigt.

»Auch das noch!«

Jetzt aussteigen und sie hier mitten in der Nacht allein lassen geht nicht. Von einem der einzeln gelegenen Bauernhöfe im Bergischen Hilfe zu holen ist nicht möglich. Ausgeschlossen.

Am Ende wird das Kind ausgerechnet dann kommen, wenn sie einen der Bauern aus den Federn gescheucht hat. Genau dann wird das Kind kommen. Genau dann, wenn der Bauer, der mit seinem Pferd den Opel wieder aus dem Loch ziehen soll, bei dem Wagen angekommen ist.

Sie schaut nach hinten.

»Wir versuchen es noch mal!«

Und sie versuchte es noch mal und noch mal und noch mal. Schlüssel drehen, Kupplung langsam kommen lassen, Gang rein und dann vorsichtig Gas geben. Nichts! Es ist eines der ersten Autos in der kleinen Stadt. Und sie ist wohl die einzige Frau weit und breit, die so ein Ding überhaupt zu fahren weiß.

Da! Tut sich da was? Bewegt sich der Wagen? Nein. Die Räder mahlen sich nur noch tiefer in den lehmigen, weichen Boden. Als wenn die ganze Erde in diesen Tagen selber schwanger ist. Fruchtwasser, das langsam die Fahrrillen entlangfließt. Sobald der Motor aus ist, kann man es hören. Märzwasser.

Noch ein bis zwei Aprilwochen und ein neues Leben wird wieder aus der Erde sprießen. Gestern hingen an den Haselnussbüschen schon die ersten gelbgrünen Kätzchen. Ob denn Menschenkinder, die um diese Zeit auf die Welt kommen, vielleicht ähnlich vorwitzig sind wie die Haselnuss?

Vorwitzig, vorlaut, neugierig und naseweis? Wohl kaum. Sonst müsste man sich hier nicht die Nacht um die Ohren schlagen mit diesem schweren Kind, das nicht kommen will. Oder ist es ein Querkopf und Dickschädel?

Wie wäre es jetzt mit Auf- und Niederhopsen im Wagen? Der Wagen käme vielleicht für einen Augenblick aus den Federn und dann, wenn er für Bruchteile von Sekunden oben wäre, sofort aufs Gas und weg!

Die alte Hebamme dreht sich wieder um und sieht in das ängstliche Gesicht der jungen Frau. Sie lächelt verschämt. Es ist schließlich ihre Schuld. Hilflos lächelt ihre Wöchnerin zurück. Aber die Schweißperlen auf ihrer Stirn sprechen eine andere Sprache.

»Was jetzt? Was machen wir jetzt?«

Die beiden Frauen kennen sich schon lange. Schließlich hat sie die Frau in ihrem Fond schon vorher von drei Kindern entbunden. Ein gesundes Mädchen und zwei prächtige Jungen. Sie lächelt.

»Also, Ilse, tief einatmen, du weißt schon und dann Zähne zusammenbeißen. Du musst jetzt ein bisschen helfen, damit wir freikommen. So schlimm ist es auch nicht. Vielleicht ist es sogar ganz gut. Denn bis jetzt ist ja noch nichts passiert. Schließlich habe ich dich ja nicht umsonst da hinten reingepackt. Also, hilf mit. Dann kommt er auch.«

»Wieso er? Meinst du, es wird ein Junge?«

»Schon. Wahrscheinlich ein Muttersöhnchen, das nicht loskommt von deinem Rock. Also jetzt, Zähne zusammenbeißen. Und rauf und runter und rauf und runter. Und rauf und runter ...!«

Dann ist der Wagen wieder frei.

»Frau Kampmann, es kommt! Er kommt! Was soll ich machen! Mitten auf der Straße? Er kommt!«

Die Hebamme dreht sich nicht mehr um. Keinen Augenblick. Sie tritt auf das Gas und der alte Wagen, der über die Schotterwege auf die zerbombte Stadt losbraust, schießt nach vorn. Diesmal kurvt sie um die Granatlöcher herum. Sie weiß, was zu tun ist. So schnell wie möglich nach Hause.

Das Kind kommt. Die Fruchtblase ist geplatzt, ihr Plan ist aufgegangen. Die Engländer und Amerikaner mit ihren Bomben und Bombenlöchern! Ihr Fuß tritt jetzt ganz durch. Ein bisschen stolz ist sie schon auf ihre etwas verrückte Idee. Lass die Leute doch reden. Wer heilt, hat Recht. Und wenn es mit einem alten Opel geht! Aber so ein Auto ist kein guter Ort, ein Kind ganz auf die Welt zu bringen. Nach Hause! Da hat sie drei Betten neben ihrem Schlafzimmer in einen kleinen Raum geschoben. Drei Betten für drei Wöchnerinnen. Das ist alles. Das ist ihre Station. Drei Betten und weiße Tücher, ein Ofen, warmes Wasser, ein Hörrohr und unendlich viel Erfahrung und Gelassenheit. Und das ist jetzt das Ziel. Sie wird es schaffen.

Die Frau hinter ihr macht ihr kein Kopfzerbrechen. Sie kennt sie. Die hat nicht nur drei Kinder im Abstand von je zwei Jahren bekommen, die hat ein paar Wochen vor dem Krieg noch den Mut gehabt, ein eigenes Textilgeschäft zu gründen.

Nein, keinen Mut. Es war wohl eher Leichtsinn, 1939 ein Geschäft zu gründen und sich zu verschulden. Und die Menschen in der kleinen Stadt schüttelten eher den Kopf. Sie hatte sich den Kopf verdrehen lassen. Muss wohl ihr Bräutigam dahinter stehen, sagten die, die es wissen mussten. Die vom Eichenkreuzverein. Und das stimmte. Drei Kinder, jetzt das vierte, ein neues Geschäft und ihr Mann, den die Leute in der Stadt weniger liebten als heimlich bewunderten. Das war mein Vater.

Wie wir drei es mit dem Wagen auf den kurvigen, zerbombten Wegen zurück in die Stadt geschafft haben, weiß meine Mutter nicht mehr. Sie erzählt nur noch, dass der Kopf wohl schon zu sehen war, als sie endlich von der Hebamme aus dem Wagen mehr gehoben wurde. Und sie hat auch noch mitgekriegt, dass das keine einfache Geburt war.

Die Nabelschnur hat sich bei mir um den Hals gelegt. Und je kräftiger meine Mutter drückt, desto größer wird die Gefahr, dass die Schnur sich zuzieht wie eine Schlinge. Aber einen anderen Weg gibt es jetzt nicht mehr.

Jetzt hilft nur eines, ihr Mut zusprechen. Obwohl es alles andere als ohne Risiko ist.

Merkwürdig!

Wieder einer mit Nabelschnur um den Hals!

Seit Jahrhunderten verfolgen Hebammen die späteren Lebensläufe »ihrer« Kinder und wundern sich nicht, dass das Leben der Kinder in den Abläufen der Geburt wie vorgezeichnet scheint. So verraten die Umstände der Geburt der erfahrenen Schwester etwas über den Weg des Kindes. Hatte in den alten Zeiten ein Kind seine Nabelschnur um den Hals, dann galt das als Zeichen, dass ein »Gefährdeter« zur Welt kam. Ein Kind der Gefahr, ein Kind von Erfahrung. Ein Kind, das fährt, reist, von einer Welt zur anderen und zurück. Ein Reisender zwischen den Welten wird geboren. Ein Mensch, den die Götter in seiner Krise noch nicht zu sich nehmen, den sie zurückschicken und der sich daher auskennt in den Zwischenwelten.

Priester und Pfarrer, die die zivilisierte Nachfolge dieser wilden Schamanen angetreten haben, reisen im Grunde mit ihren Gebeten und Gesängen weiterhin zwischen den Welten hin und her. Sie sind die Medien. Sie bewegen sich immer an den Grenzen des Lebens. Geburten, Krisen, Krankheiten, Nöte, Ausweglosigkeiten, Tod. Alles Arbeitsfelder des Priesterschamanen.

Und jetzt wieder ein Junge mit einer Nabelschnur um den Hals! Geduld scheint er nicht zu haben. Kein Wunder. Er ist für Ende März ausgezählt. Sternzeichen Widder. Ein Erster, ein Mit-dem-Kopf-durch-die-Wand-geh-Mensch kommt. Er hat sich die Wände nicht ausgesucht. Sie sind seine Aufgabe. Für die Kelten einer, der verwandtschaftliche Züge mit dem Haselnussstrauch hat. Der Baumstrauch, der ebenso als Erster seine Kätzchen in den Frühlingswind hängt.

Aber was phantasiert man als Hebamme nicht alles über das Wesen eines Menschen, der in diesem Augenblick zur Welt kommt. Und das im März! Und das an einem Sonntag! Mit Nabelschnur um den Hals und tatsächlich ein Junge!

Die Welt hat jetzt keine Zeit, sich tiefe Gedanken zu machen. Die Welt ist ja selbst gerade erst wieder geboren. Es ist 1947 und der Krieg kaum zwei Jahre vorbei.

Gott sei Dank!

Hilflosigkeit

Warum kommen wir Menschensäugetiere viel zu früh auf die Welt? Nackt und bloß und jahrelang hilflos? Die erste Lektion unseres Menschenlebens heißt offenbar: Es geht nicht nur ums Milchtrinken, um das Gieren nach Milch und Wärme. Mitten in der Gier wird ein ganz gegenläufiges Fundament gelegt. Nämlich das Fundament der Menschlichkeit. Und es trägt noch einen Namen: Menschen sind von Haus aus hilflos. Sie sind und bleiben, solange sie leben, auf Hilfe angewiesen.

Hilflosigkeit weckt Hilfe. Hilflosigkeit ist der tiefste Grund dafür, dass wir in gegenseitigen Abhängigkeiten leben. Abhängigkeiten machen also glücklich. Man ist ein Nichts, ein Bündel und darum glücklich.

Das lässt sich bei jeder Taufe leicht demonstrieren. Die Unruhe der Mütter, wenn sie ihre Kinder zum ersten Mal auf dem »Hühnerhof« den anderen zeigen, ist immer groß. Zumindest die Menschenkinder in ihren weißen Taufkleidern spüren diese Unruhe. Sie schreien. Sie geben Laute, die die Mütter sich nicht zu geben trauen. Der Gottesdienst droht aus allen Fugen zu geraten.

Da trete ich zu der Mutter in der ersten Kirchenbank, die ihr Kind verzweifelt zu beruhigen sucht.

»Darf ich Ihr Kind in meine Arme nehmen?«

Welche Mutter traut sich schon, dem Hausherrn im schwarzen Talar diesen Wunsch abzuschlagen? Ich nehme das Kind auf meinen Arm. Und es wird ruhig, weil ich ruhig bin. Und ich gehe auf und ab, weil das Leben des Kindes ein Auf und Ab sein wird. Es bleibt ruhig. Und ich wiege es im Dreivierteltakt. Denn die Angst des Lebens wird ein Leben lang weichen, wenn Menschen sich geborgen fühlen. Auf den eigenen zwei Beinen zu stehen ist erst das Mittel der zweiten Wahl.

Ich war als Kind wohl ziemlich hilflos und allein. »Leer sein und leer werden!«, hätte der große Mystiker Meister Eckhart darum das Programm meiner Kindheit genannt. Er hätte gewusst, warum es so lange dauerte mit meiner Hilflosigkeit. Da waren ein paar Sonderlektionen angesetzt worden. Der Meister der Mystik hätte sich seinen Reim gemacht. Und ich hätte weiter nur geheult.

Wer will schon eines Tages leer werden, wenn er noch gar nichts ist.

Aber wer mit der Macht und der Kraft des Himmels rechnen lernen will, wer sich nur etwas mit ihr vertraut machen will, der muss vorher seine eigene Hilflosigkeit erlaufen und erfahren und am Ende akzeptieren. Jahrelang. Meine Kinderjahre waren die härtesten Jahre. Aus meiner Sicht.

Aber sie waren auch die Grundlage, sich später in den unterschiedlichsten Menschen wieder zu finden. Sie gingen alle weiterhin mit ihrer Kindheit schwanger und konnten oder wollten nicht erwachsen werden. Es war die Grundlage, sich in fremdartige Menschen hineinzufühlen. In kranke, bettlägerige, hilflose Menschen. Und es war die Basis einer großen Sympathie für alles, was kindlich bleiben musste.

Für Hans zum Beispiel.

Hans ist mongoloid. Down-Syndrom. Er liebt den neuen jungen Pfarrer. So wie er alle Menschen lieb zu haben scheint. Stundenlang sitzt er bei mir an der Hofeinfahrt und wartet, dass er den Klang meines Autos hört, um rasend schnell aufzustehen und das große Eisentor zu öffnen, das auf den Pfarrhof führt. Wie er lacht! Stolz, glücklich, zufrieden! In vielen Dingen so hilflos wie ein kleines Kind, ist er glücklich und menschlich. Menschlicher als ich.

Irgendwann geht er in mein Haus und muss wohl zum ersten Mal vor so einer großen Menge von Büchern gestanden haben. Ein wahres Büchermeer. Und wie jeder wirkliche Mensch sehen kann, ist da unter den Büchern keine Ordnung, keine Liebe. Die Großen überflügeln die Kleinen. Und die dicken Wälzer erdrücken die dünnen Taschenbücher. Stummes Leiden auf allen Regalbrettern.

Es muss Stunden gedauert haben, bis Hans eine liebevolle Ordnung in meine Bücher gebracht hat. Einen ganzen Tag lang. Als ich am Abend nach Hause komme, da steht er wieder da. Stolz, glücklich, zufrieden. Er hat Ordnung in meine Bücherwelt gebracht. Alles ist der Größe nach sortiert. Eine Ordnung, die sich mir allerdings erst auf den zweiten Blick erschließt. Ich sehe zuerst nur das Chaos ...

Ich sitze in den nächsten Tagen in meiner kleinen Bibliothek und sortiere die Bücher in nächtelanger Arbeit wieder einigermaßen an ihren alten Platz. Belletristik da, Theologie dort, Pädagogik daneben und Medizin ganz rechts.

Das scheint ihm nicht zu gefallen. Mit einer Engelsgeduld unternimmt er Wochen später den nächsten Versuch, die Ordnung der Liebe auch in die Bücherwelt einzuführen. Jetzt stehen die Bücher nach Farben geordnet nebeneinander. Das ist für die schwarzen Bibeln nichts Neues. Aber all die anderen Bücher haben neue Nachbarn.

Was sind das für Kinder unter uns, denen ein so genannter »Defekt« die Wurzeln der Menschlichkeit freihält? Die in ihrer Schutzlosigkeit die Liebe suchen und finden? Die Meister der Zärtlichkeit sind?

Schwestern und Brüder sind sie.

Denn als Hans mitten in der Woche durch das Pfarrhaus die Sakristei der kleinen Kirche betritt, ist er allein. Von dort sind es nur zwei Stufen, bis er durch die Tür in der Kirche steht. Was wird er dort alles gedacht, geträumt und getan haben? Ich weiß es nicht. Ich weiß nur, dass er da war, denn alle Gesangbücher sind am Abend verschwunden. Alle weg. Nur eines ist geblieben. Und das liegt auf dem Altar.

Ich kann mir keinen Reim darauf machen. Ich weiß ja auch nichts von »Hans allein in der Kirche«. Ich sehe nur, dass alle Gesangbücher weg sind. Hundert Stück.

Abends klingelt es an der Tür. Eine Nachbarin steht da und bittet um Entschuldigung für die späte Störung. Aber in ihrem Hausflur hat sie drei Gesangbücher gefunden, die unserer Gemeinde gehören müssten. Der Stempel steht drin. Wie sie dahingekommen sind, kann sie sich nicht erklären. Ich auch nicht.

Das bleibt für diesen Abend die einzige Störung. Erst am nächsten Tag stellt sich heraus, dass alle Familien in den umliegenden Straßen von der Evangelischen Kirchengemeinde offenbar kostenlos ein Geschenk erhalten haben. Ein Gesangbuch steckt in jedem Briefkasten. Und wo es nicht hineinpasst, liegt es liebevoll im Treppenhaus.

Hans. Bruder Hans, der du der Gerechteste unter uns allen bist. Wie mache ich dir klar, dass es keine Ungerechtigkeit in der Welt darstellt, wenn am Eingang der Kirche hunderte von gleichen Büchern liegen und am Eingang eines anderen Hauses keines? Und wie kämpfe ich gegen eine Erwachsenenwelt, die Deinesgleichen nicht mehr auf die Erde lassen will? Sie haben Wächter aufgestellt, Ärzte in weißen Kitteln und in großen Labors, die zunehmend alle schwangeren Frauen kontrollieren. Und wo sie einen von euch finden, Hans, hängt euer Leben am seidenen Faden der modernen Medizin. Man will hier keine hilflosen Menschen mehr.

Das Reifwerden, die Reifeprüfung des Lebens, ist die Kunst, die eigene Hilflosigkeit und Abhängigkeit zu akzeptieren. Doch davor haben die Götter lange Erfahrungen gesetzt. Davon kann ich gleich mehrere und nicht nur Kinderlieder singen. Und das nicht nur als kleiner, etwas zu dicker Bruder einer sechsköpfigen Geschwisterschar. Das geht über einen alles beherrschenden Vater, über Unfähigkeiten in der Schule, macht bei den Mädchen nicht Halt und wirft mich immer wieder aus der Lebensbahn. Wie viel Jahre hat es gedauert und dauert es noch, bis ich alle Umwege als meine Wege akzeptieren werde? Dann wird vielleicht aus einem Lesemeister ein Lebensmeister, schrieb vor tausend Jahren Meister Eckhart. Und wenn er was zu lehren hat, dann wird es am Ende leise sein. So wie alles Menschenleben laut beginnt – und wenn es gut wird, leise endet.

Wir kommen mit den Fäusten auf die Welt, um zu kämpfen. Und wir gehen mit ausgestreckten Händen, weil wir uns ergeben haben.

*

»Schnell, schnell, Dicker! Lass doch den verdammten Besen da liegen!«

Mein Bruder schreit mich an. Wie wahnsinnig. Panik! Aber ich kann einfach nicht schneller. Ich kriege nur furchtbare Angst. Die kleinen Füße, der dicke Wintermantel, die hohen Lederschuhe. Ich laufe doch, was ich nur kann. Und ich hetze den Berg hoch. Der Weg, die Stufen. Mama, Mama! Viel zu hoch und viel zu viel für einen gerade Vierjährigen, dem die Polizei auf den Fersen ist. Nur einmal kurz umschauen, wie weit der Uniformierte schon aufgeholt hat. Schon liege ich auf dem Boden. Gestolpert, gefallen. Aus. Keine Zeit zum Heulen. Keine Träne.

Mein Bruder reißt mich hoch: »Halt dich fest, ich zieh dich den Berg hoch!«

Und er reißt mich nach oben. Ich fühle den Schnee in meinem Gesicht. Das ist keine einfache Kälte mehr. Es schmerzt.

Der Rotz aus der Nase an den Lippen. Oh, mein Bruder! Mein großer Bruder! Unter seinen Füßen noch die alten Schlittschuhe, die an allem schuld sind.

Ich soll doch nur den Straßenbesen von zu Hause holen, um die Eisfläche vom Schnee freizufegen. Denn selber Schlittschuhfahren kann ich noch nicht. Aber mit dem Besen übers Eis fahren und für einen großen Bruder endlich wichtig und unersetzlich sein. Ja, das kann ich und das will ich.

Als ich mit dem Besen zurück zum Stadtteich gehe, muss der Polizist mir unbemerkt gefolgt sein. Was will so ein kleiner Junge mit so einem großen Besen? Er wird doch wohl nicht ...

Dann geht alles sehr schnell. Mein Bruder sieht mich endlich mit dem Besen kommen. Aber eben nicht nur mich. Er bemerkt den Polizisten in meinem Rücken. Abstand noch gut fünfzig Meter. Und beide wissen auch von dem Schild, das am verschneiten Ufer steht: Betreten der Eisfläche verboten. Darum der Anschrei meines Bruders. Darum die Angst, die Panik. Der Polizist wird uns festnehmen, verhaften.

Mein Bruder zerrt mich den Weg rauf. Der Polizist hinterher.

Da, der Zaun vor uns! Aus! Vorbei! Wir müssen uns stellen! Und es wird grausam werden. Er wird ... ja, was eigentlich? Nichts wird er! Aber woher soll ich das wissen? Mit vier.

Mein Bruder klettert über den Zaun. Aber ich kann nicht. Ich stehe davor. Jetzt sind es nur noch einige Meter, bis der dunkle Mann mit dem Helm und dem Stern vorne drauf bei uns ist.

»Los, stell den Fuß in den Draht, Dicker! Und zieh dich am Zaun hoch. Ich krieg dich schon rüber. Los!«

Und er zieht. Zieht, was er nur kann. Sekunden später liegen wir beide auf der rettenden Seite des Zauns. Rappeln uns auf und hetzen tiefer in den Wald hinein. Mein Bruder auf Schlittschuhen. Und ich kann ihm kaum folgen. Wir hören den Polizisten noch schimpfen und schreien. Aber über den Zaun klettert er nicht.

»Geschafft!«

Quatsch! Er wird uns den Weg nach Hause abschneiden. Er steht doch zwischen uns und der Stadt. Und den Besen hat er auch. Wenn Vater davon erfährt, sind wir dran ...

Aber er weiß doch gar nicht, wer wir sind. Wahrscheinlich nicht. So einen braunen Straßenbesen haben fast alle in der Stadt. Und in unserer dicken Verpackung ...

Ich will nach Hause. Nur noch nach Hause.

»Heul jetzt nicht so rum! Wir werden ihn in einem großen Bogen umgehen. Und dann brauchen wir immer noch Glück.«

Wir laufen durch den Pulverschnee der letzten Nacht. Immer wieder müssen wir Zäune überklettern. Und Jochen, mein Bruder, hilft mir.

«Duck dich, Dicker! Duck dich«, flüstert er auf einmal und reißt mich nach unten. Mittlerweile sind wir über Umwege zum Stadtteich zurückgekehrt. Gerade, als wir wie Unschuldsengel zurück auf die Straße biegen wollen, steht der Polizist da. Mit dem Rücken zu uns. Wir werfen uns flach hinter einen großen Kokshaufen.

Mein Herz schlägt schneller. Das muss man doch hören können. Das Herz, den Atem. Da wühlt sich auf der Straße ein Auto durch den frischen Schnee. Der Motor übertönt uns. Und Jochen kratzt an dem Kokshaufen, bis sich eine kleine Kokslawine in Bewegung setzt und uns unter sich halb verbirgt. Gerettet!

Mein Bruder an meiner Seite. Ein großer Bruder, der für mich in die Hausflure meiner Feinde spuckt, das bleibt für mich bis heute eine Sehnsucht mit alten Wurzeln. Auf Vater konnten wir ja nicht hoffen. Er hätte uns geschlagen. Mehr als selbst der Polizei lieb gewesen wäre. Und Mutter? Mutter konnte uns vor der Hilflosigkeit meines Vaters nicht schützen. Auf wen kann ich denn setzen, wenn keiner da ist, der mich in die Arme nimmt?

Das sind die Bilder, die in mir über vierzig Jahre später hochsteigen, als der Vater, den ich in meine Sendung eingeladen habe, über sein Kind spricht, das in der ersten Reihe sitzt. Ein Junge wie ich damals. Und dann Sätze, die wie Schläge die Seele des Jungen treffen: »Ich wollte den ja gar nicht! Ich wollte ja gar nicht, dass der auf die Welt kommt. Kinder hatte ich doch schon genug. Und jetzt kommt der auch noch.«

Und das vor zwei, drei Millionen Menschen. Ich gehe zu dem Jungen in die erste Reihe. Innerlich sehr erregt, muss ich doch jetzt ganz gelassen wirken. Ich stelle mich neben den Jungen. Lege meine Hand auf seine Schulter und bremse den Vater.

»Das mag ja so sein. Das mit dem Kind und der ungewollten Schwangerschaft. Aber hier ist nicht der Ort. Vor Millionen Menschen und besonders vor Kinderohren, den Ohren Ihres Sohnes, so etwas zu sagen. Und dann noch eins, lieber Vater und Gast, und das aus eigener Erfahrung: Wer sagt denn, dass sie gefragt werden müssen, wenn ein Kind zur Welt kommt? Wer sagt denn, dass ihre Frau gefragt worden ist, als sich das Kind ankündigte? Wahrscheinlich wurde nur einer gefragt und der sagte Ja!«

Da spüre ich, wie der Junge neben mir vorsichtig aufschaut. Und gleichzeitig werden meine Augen feucht. Tränen kündigen alte Geschichten an. Die Geschichte, wie ich mich gegen einen allmächtigen Vater oft nur dadurch zur Wehr setzen konnte, dass ich den Vater des Himmels an meine Seite rief. Es waren für mich lange, hilflose Jahre. Als wenn Hilflosigkeit der eigentliche Boden der Frömmigkeit wäre.

Es ist ein Boden, den wir alle wohl einmal zur Verfügung hatten. Oder ist ein furchtbarer Vater auf Erden die erste Voraussetzung dafür, sich in der Welt nach anderen, passenderen Vätern umzuschauen? Und wenn man sie hier nicht findet, dann eben in einer anderen Wirklichkeit?

*

Ich weiß nicht, ob mein Vater glücklich war, als er mich zum ersten Mal in seine Arme nahm. Ich habe ihn nie danach gefragt. Ich habe es zumindest nie gespürt. Nie, nie! Aber als ich ihm viele, viele Jahre später in den letzten Tagen seines Lebens einmal vorwerfe, dass er mich nie geliebt habe, da senkt der schlohweiße todkranke Mann seinen Kopf, um mich nicht anzuschauen, und schweigt.

Warum redet er nicht? Warum antwortet er mir wieder nicht? Es ist still in dem Krankenzimmer. Und endlich sehe ich, dass seine Augen anfangen, wässerig zu werden. Seine Seele beginnt zu reden. So habe ich meinen Vater vor seinen Krankheiten nie antworten sehen. Mit Tränen.

Und dann: »Vielleicht hast du Recht. Wahrscheinlich hast du Recht. Aber man kann auf dieser Welt auf vielerlei Weise lieben. Und die einen können es zeigen und sagen und die anderen können es eben nicht. Ich konnte es nicht. Aber ich habe für euch sechs Kinder gesorgt. Gesorgt und gesorgt. Das war meine Art zu lieben.«

Das war mein Vater. Das ist mein Vater. Ein Mann, der nie gefragt wurde, was er denn werden wollte. Was er denn liebt und nicht liebt. Der dort in die Lehre gehen musste, wo ein Kriegskamerad seines Vaters für einen Hänfling wie ihn Platz hatte. In einem Büro, zwischen Akten.

Und so kann ich ihn mir auch vorstellen, wie er mich zum ersten Mal umständlich in seine Arme nimmt. Das sind keine starken, muskulösen Männerarme, in denen ich da liege. Die Haut ist weiß. Sommersprossen auf den Handrücken und ein paar kleine helle Leberflecken im Gesicht.

Er trägt ein weißes Hemd. Ein weißes Hemd und einen Anzug. Es gibt nur Fotos von meinem Vater, die ihn in akkuraten Anzügen zeigen.

Und dann, nach ein paar Sekunden, hat er das Bündel wieder in die Arme meiner Mutter zurückgelegt. Da, wo Kinder eben hingehören.

Er war kein neuer Mann. Er fühlte sich verloren zwischen den gebärenden und frisch geboren habenden Frauen.

Es war eng. Zu eng für ihn. Und es roch zu sehr nach Frauen, nach Kindern und Baumwollwindeln, die voll gemacht und zusammengerollt in einem Eimer in der Ecke darauf warteten, dass irgendjemand sie in den Keller brachte, damit sie dort gewaschen würden. Der ständige Geruch von Kochwäsche. Das war nicht meines Vaters Welt. Er wird die Enge der provisorischen Geburtsstation schnell wieder verlassen haben.

Mein Vater rechnete. So wie er seit Monaten mit einem vierten Kind rechnen musste, so rechnete er die Quadratmeter seiner Wohnung am Bahndamm zusammen. Das Nest dort reichte nicht. Er strich sich die dunklen, fast schwarzen Haare nach hinten.

Mit fünfunddreißig schon vierfacher Vater! Und wenn er vor den Spiegel trat, konnte man es ihm fast ansehen, wie ihn das mitnahm. Hager war er schon immer gewesen. Dünn wie eine Bohnenstange. Aber jetzt? Irgendwo zwischen Kriegsende und einer dunklen Zukunft hatte er auf einmal Verantwortung für vier Kinder und eine Frau. Er suchte in den Taschen nach einer Zigarette. Er zählte zu den lässigen Rauchern. Er rauchte im Stress. Er war im Stress. Er rauchte lebenslang jede Zigarette, als ob es die erste gewesen wäre. Mitten zwischen die Lippen zwängte er sie und zündete die Zigarette umständlich mit einem Streichholz an. Hastiges Ziehen. Keine Spur von Lässigkeit.

Er tritt durch den kleinen Vorgarten die vier, fünf Schritte auf die Straße. Was jetzt? Wohin gehen mit dieser neuen Verantwortung? Der Junge hat seine alte Welt gesprengt. Und er muss darauf reagieren. Nach rechts, da würde es jetzt zurück in die Stadt gehen. Zurück, also rückwärts und nach Hause. Links aber ins freie Feld, die Straße runter zum alten Stadtwald. Ein paar Momente des Alleinseins braucht er. Der Mann, der über seine Gefühle nicht reden kann. Ein paar Momente nur die Zigarette ziehen und allein sein.

Und dann hat er schon seinen klaren Gedanken. Er würde ein Haus bauen müssen. Was heißt er? Sie! Ein neues Haus. Und am besten gleich hierhin. Hier, wo er jetzt steht. Keine dreißig Meter vom Haus der Hebamme entfernt. Vor dem fremden Garten. Der müsste doch zu kaufen sein. Gegenüber der Friedhof, wo auch der Schwager unter der alten Tuja lag. Ilses Bruder. Der war auch nur siebzehn geworden. Tuberkulose. Ein paar Jahre später nur als die Schwiegermutter.

Wie alt war Ilse eigentlich, als ihre Mutter starb? Sie redet nie darüber. Neun, zehn? Jedenfalls noch ein Kind. So gesehen hatte er eine Halbwaise geheiratet. Seine Frau, fast ein Waisenkind. Und jetzt selber Mutter von vier Kindern. Als wenn sie beide nicht nur dem Krieg entkommen wären. Der Tod hatte auch in ihren Familien schon nach ihnen gegriffen. Schließlich war seine Mutter auch ein Findelkind. Und jetzt schon vier Kinder! Als wenn das Leben nach den Kriegen explodieren würde. Oder »expandieren«, wie die Kaufleute unter sich sagen. Mein Vater war ein Kaufmann. Aber jetzt ist genug Expansion.

Konsolidierung ist angesagt. Ein Haus muss her, ein neues Nest. Er tritt die Zigarette aus und geht die unbefestigte Straße in die Stadt zurück.

Und das Geld? Es wird in diesen Tagen in Billionen gezählt und ist doch nicht mehr wert als das Papier, auf dem es gedruckt wird. Eine Währungsreform liegt in der Luft. Fragt sich nur, wann.

Wenn man sich beeilt, würde das Geld vielleicht für das Grundstück reichen. Und dann den eigenen Vater fragen, ob er hilft, und dann los. Die Baumaterialien, Steine, Zement, das Holz, die Fenster? Kontakte hat er genug. Und bezahlen würden sie gar nicht.

Wie viele Unterwäsche, Handtücher, Hemdchen oder Mieder muss man eigentlich für einen Sack Zement abgeben? So müsste es gehen! Es wäre das erste Haus in der ganzen Gegend nach dem Krieg. So würde er es machen. Da schlägt die Turmuhr der reformierten Kirche acht Uhr. Und gleich setzt das Geläut ein. Notglocken. Sie rufen zum Gottesdienst. Erbärmlicher Klang. Und doch irgendwie ein Zeichen. Und da fällt ihm erst auf, dass er ein Sonntagskind geschenkt bekommen hat.

Der Ablauf ist immer der gleiche: Das Geschäft meiner Mutter ist bis halb sieben geöffnet. Mein Vater kommt immer Punkt halb sechs aus der Firma. Eine Stunde ist er allein mit uns Kindern. Diese kritische Zeit gilt es zu überstehen. Bloß keinen Streit provozieren.

Doch wir sind Kinder. Und Kinder haben immer Unsinn im Kopf. Mein ältester Bruder stachelt mich dazu an, unser Dienstmädchen »Nitribitt« zu rufen. Ich weiß überhaupt nicht, wer das ist. Dass es Prostituierte gibt, weiß ich zwar, von der Nitribitt habe ich aber nie etwas gehört. Das könnte auch gut und gern eine Ärztin oder Schriftstellerin sein.

Jedenfalls nenne ich sie »Nitribitt«. Und zu meiner großen Verwunderung läuft sie heulend weg. Natürlich erzählt sie abends alles brühwarm meinem Vater. Und der ahnt sofort, dass die Geschichte nicht allein auf meinen Mist gewachsen sein kann.

Er schickt uns in den Keller. Dort liegt ein Gartenschlauch. Mit dem Küchenmesser müssen wir ungefähr einen Meter davon abschneiden. Dann kommt mein Vater. Er nimmt den Gummischlauch, biegt ihn sich zurecht, nimmt beide Enden in seine große Hand.

Er packt meinen Bruder am Kragen und schlägt zu. Er schlägt und schlägt und schlägt. Mein ältester Bruder hat das hunderte von Malen über sich ergehen lassen müssen. Heute Abend erleide ich es zum ersten Mal.

Am Ende hat dieser Mann sechs Kinder, die ihn überfordern. Er gibt im Sportverein den Ton an. Ist überall der Macher. Aktiv, klug, penibel. Doch zu Hause bei seiner Familie sind seine Kräfte verbraucht.

Es gibt Abende, an denen die ganze Familie am Tisch sitzt und kein einziges Wort fällt. Nur Tränen und ein Nasehochziehen und ein Schniefen. Ein stilles Wundenlecken. Und keiner da, der für uns Kinder das Schweigen bricht und redet. Einmal wirft sich meine Mutter zwischen meinen tobenden Vater und meinen ältesten Bruder.

»Schlag doch! Schlag doch! Wenn du ihn noch einmal schlägst, dann geh ich. Sofort und für immer.«

Er schlägt nicht mehr. An diesem Abend nicht.

Dieser starke, dieser allmächtige Vater befiehlt mir später, die Straße zu kehren. Unser Haus muss von außen picobello aussehen. Und auf dem Bürgersteig liegt immer wieder Hundedreck.

Unser Nachbar ist Dachdecker und hat einen Schäferhund namens »Dina«. Und er denkt nicht im Traum daran, das Tier davon abzuhalten, seine Haufen vor unser Haus zu setzen.

Ich soll mich jetzt bücken und den Hundehaufen mit bloßen Händen beseitigen. Rein in den Eimer und dann ab zum Komposthaufen. Mir ist schlecht. Ich könnte spucken. Nur schnell ins Haus und eine Schaufel holen.

Da hält mich seine Stimme zurück: »Du bleibst hier und nimmst die Hände.«

Wenn mein Vater etwas zu uns sagt, sind das keine Bitten oder Ratschläge, sondern Befehle. Und jenseits dieses Gesetzes erwartet uns der Keller. Ich schaue mich nach ein paar welken Blättern um. Aber da sind keine. Also nehme ich den Kot in meine Hände und trage ihn auf den Kompost.

Später, als ich am Wasserhahn im Garten meine Finger wasche, laufen Tränen meine Wangen herunter.

*

»Geh zum Friseur.« Mein Vater befiehlt es meinem älteren Bruder am Mittagstisch. Wir haben nie gerne mit ihm am Tisch gesessen. Das ist kein gemeinsames Mahl. Das sind stumme Sitzungen, die durch Befehle unterbrochen werden.

»Geh zum Friseur!«

Doch mein Bruder geht nicht. Als würde er den Vater nicht fürchten. Wahrscheinlich aber fürchtet er ihn so wie wir alle. Nur will er sich nicht beugen, nicht brechen lassen.

Am Tag darauf kommt der zweite Befehl.

»Gestern habe ich dir gesagt, du sollst zum Friseur gehen. Heute sage ich es dir zum zweiten Mal. Geh zum Friseur.«

Der Ton ist noch eine Spur schärfer. Und es folgt eine Drohung: »Wenn du morgen nicht beim Friseur warst, schneide ich dir die Haare mit der Heckenschere.«

Mein Vater schreit das nicht. Er bleibt ganz ruhig. Aber wir spüren den Stahl in der Stimme. Sein Blick und sein anschließendes Schweigen verraten, dass es keinen dritten Befehl mehr geben wird.

Am nächsten Tag sind die Haare immer noch lang. Was heißt lang? Sie waren nie lang. Sie waren nur meinem Vater zu lang. Und was den Widerspruchsgeist meines Bruders angeht: Da war nie offene Rebellion. Da war nur einfaches Vorbeidrücken. So wie er einmal hunderte von Tulpenzwiebeln in ein großes Erdloch pflanzte, um schnell damit fertig zu werden. Drücken ohne Rücksicht auf spätere Verluste.

Aber jetzt am Tisch funktioniert seine Strategie nicht. Mein Vater steht auf, schiebt den Stuhl beiseite und sagt: »Komm mit. Die Heckenschere wartet.«

Mein Bruder steht auf. In seinen Augen Angst und Fassungslosigkeit. Wir anderen bleiben sitzen. Wir bleiben sitzen, wir bleiben sitzen, wir bleiben sitzen! Oh mein Gott, wir bleiben sitzen! Wir lassen geschehen! Hilflos. Auch meine Mutter.

Die beiden gehen nach draußen. In den Garten, ins Gartenhaus. Wir hören, wie der Vater mit einem Ruck die feucht verklemmte Tür aufreißt.

Es ist kein Schreien zu hören. Auch kein Ritsch-Ratsch der Schere. Gespenstisch still ist es. Und doch wissen wir, dass mein Vater seine Drohung wahr macht.

Die Haare fallen. Und niemand hilft meinem Bruder. Auch kein Engel des Herrn. Nur Gottlosigkeit. Da opfert mein Vater in all seiner Angst und Macht die Würde seines eigenen Sohnes.

*

Reicht es nicht aus, nach einem Vater im Himmel Ausschau zu halten, weil der eigene an seinen eigenen Ängsten schier erstickt? Reicht es nicht aus, der kleinste Bruder unter lauter stärkeren Brüdern zu sein? Reicht es nicht, der Kleinste zu sein in jeder Klasse? Und reicht es nicht aus, der Langsamste im Sport zu sein?

Müssen Musik und Religion uns vorm Sport retten? Oder rettet uns ein schwacher Körper vor dem modernen Diktat des Sports, des Fitseins und der Leistung? Ich weiß es nicht. Ich weiß nur, dass meine Schuljahre Galeerenjahre waren. Wie extra ausgesucht, um meine Hilflosigkeit noch zusätzlich zu steigern. Ins für mich Unermessliche.

Hilflos, damit ich den Hilflosen zur Seite stehen kann? Dem Leiden darf man nur selber einen möglichen Sinn geben. Niemand sonst!

Schreibt man »weiß« nun mit »ß« oder »ss«? Oder gar nur mit einfachem »s«? Warum kriege ich das nicht in meinen Schädel? Diktatrückgabe. Natürlich wieder ein »Mangelhaft«. Bin ich wirklich zu blöd für das Gymnasium?

Wieder habe ich »b« und »d« verwechselt, »q« und »p« durcheinander gebracht. Dabei will ich doch Pastor werden. Und dafür muss man studieren. Ich muss studieren. Aber wie soll ich das Abitur schaffen? Bei 70 bis 80 Rechtschreibfehlern auf einer Seite?

Erst später findet man eine Erklärung dafür: Legasthenie.

Nach dem vierten Schuljahr bekomme ich keine Erlaubnis, aufs Gymnasium zu gehen. Die Lehrer wollen es so.

Und der Herr Rektor nickt: »Das hat gar keinen Zweck. Die Aufnahmeprüfung schaffst du nie. Und die Schule erst recht nicht.«

Warum nicht? Ich bin doch ein schlagfertiges Kind, oder? Aufgeweckt und neugierig. Verstehe doch Witze immer als Erster. Doch die Lehrer halten mich für einen Versager. Auf die Hauptschule soll ich. Und dann sicher irgendwo in die Lehre. Und ich kann nichts dagegen tun.

Also Hauptschule. Mehr geht nicht. Aber da ist nach einem Jahr die vielleicht letzte Chance: Nach der fünften Klasse gibt es nochmals die Möglichkeit eines Schulwechsels. Ich will Pastor werden. Ich muss es schaffen.

Aber eigentlich ist es dann doch gar nicht mein Problem. Wenn der liebe Gott will, dass ich Pfarrer werde, dann soll er doch zusehen, wie ich die Prüfung und die Schule schaffe.

Ich nehme meinen ganzen Mut zusammen und fahre an der Hand meiner Mutter zum Gymnasium nach Lennep. Heute ein Stadtteil von Remscheid. Und mein naives Gottvertrauen zahlt sich aus. Weiß der Himmel, wie ich die Prüfungen bestehe. Doch ich schaffe es. Ich darf aufs Gymnasium.

Bis dahin habe ich auf der Hauptschule schon die erste Ehrenrunde gedreht. Später kommen zwei weitere unehrenhafte hinzu. Meine Legasthenie hinterlässt natürlich auch in Fächern wie Englisch, Französisch oder Latein Spuren.

Am Ende habe ich das Abitur in der Tasche. Wenn auch nach einem letzten unplanmäßigen Umweg.

Ich gehe in die zehnte Klasse, Untersekunda. Meine Noten sind noch miserabler als bisher. Mir wird klar: Mit etwas Glück schaffe ich höchstens die mittlere Reife. Ich biete den Lehrern an, von der Schule zu gehen. Dafür bitte ich um ein paar »Gnadenvieren«. Da dieser Abschluss für ein Theologiestudium nicht reicht, suche ich nach Alternativen. Die Welt des Theaters könnte mich interessieren. Kurzentschlossen bewerbe ich mich bei Folkwang in Essen als Schauspielschüler.

Dass auch andere das gleiche Ziel haben, daran verschwende ich keinen Gedanken. Mehrere hundert Leute stehen auf der Bewerberliste. Jahr für Jahr. Und alle haben Talent. Höchstens zehn bis fünfzehn werden tatsächlich genommen. Meine einzige Referenz besteht aus vereinzelten Theateraufführungen. Schultheater. Aber warum soll ich Angst haben? Bisher hat es doch auch immer irgendwie geklappt.

Klotzen statt Kleckern heißt die Devise. Also Shakespeare. Nach einigen Vorsprech-Minuten ist klar: Meine Schauspielkarriere ist beendet, noch bevor sie angefangen hat.

Und nun? Mangels weiterer Alternativen bleibt mir nur die Schule. Ich muss darum bitten, wieder aufgenommen zu werden. Rein juristisch kein Problem. Die mittlere Reife habe ich schließlich in der Tasche. Aber mein Versprechen! Abgehen wollte ich und nie wieder einen Fuß in meine Schule setzen.

Mir ist schlecht. Spott und Hohn sind mir sicher. Hinter meinem Rücken wird man tuscheln. Lehrer wie Klassenkameraden. Mein ganz persönlicher Gang nach Canossa. Aber ich gehe ihn. So aufrecht es eben möglich ist. Und sie nehmen mich wieder auf im altehrwürdigen Gymnasium.

*

Was fehlt eigentlich noch, um ein Versager auf der ganzen Linie zu sein?

Mädchen!

Ich habe einen Pepitaanzug an, bin ein schmächtiges Kerlchen, gerade zum zweiten Mal sitzen geblieben, will tanzen lernen und heiße Fliege. Beste Voraussetzungen für eine Realsatire. Die Mädchen lachen sich kaputt über meinen Namen. Keine Chance also da, wo man das Leben in Chancen misst: beim anderen Geschlecht. Die interessantesten Mädchen sind für mich unerreichbar. Denke ich zumindest.

Wer die interessanten Mädchen sind, weiß ich ganz genau. Und es frustriert mich, mit der zweiten Garnitur vorlieb nehmen zu müssen. Doch dann passiert etwas völlig Überraschendes: Kurz vor dem Abschlussball fällt der Tanzpartner des schönsten Mädchens aus. Plötzlich steht sie ohne männlichen Begleiter da. Ich sehe meine Chance, ergreife die Gelegenheit beim Schopf und nehme meinen ganzen Mut zusammen.

»Willst du mit mir zum Schlussball gehen?«, frage ich.

Sekunden vergehen. Unendliche Sekunden der Stille. Sie guckt mich an. Erinnert sich an den vorlauten Clown, der ihr hemmungslos auf den neuen Schuhen rumtanzte. Aber sie überlegt. Natürlich wird sie Nein sagen. Ich bin ein kleines Würmchen und heiße Fliege. Zu solchen Jungen sagen Mädchen wie sie immer Nein.

»Ja, gern, warum nicht?«

Habe ich mich verhört? Ich stehe da und traue meinen eigenen Ohren nicht. Am liebsten würde ich noch einmal fragen. Einfach zur Sicherheit. Doch sie lächelt mich an. Und wer lächelt, kann unmöglich Nein gesagt haben.

Ich gehe tatsächlich mit dem Schwarm aller Jungen zum Ball. Nach all den Niederlagen. Ich schwebe im siebten Himmel. Wenigstens für diesen einen Abend. Aber ein Abend in der Nähe des Himmels kann dafür sorgen, dass man mit ihm rechnen lernt.

Sie ist meine erste große Liebe. Sieben Jahre lang. Ein Geschenk aus heiterem Himmel. Ich fertige für sie Laubsägearbeiten an. Ketten aus Kürbis- und Melonenkernen. In Seidenpapier verpackt. Ich lege ihr die Welt zu Füßen.

Erhört werde ich trotzdem nicht. Sieben Jahre mache ich diesem Mädchen den Hof. Sieben lange Jahre. Doch weiter als bis an ihre Haustür komme ich nicht. Sie nimmt sich andere Freunde. Tolle Kerle. Groß, breitschultrig, mit echten Männernamen. Sie machen das Rennen um den Platz in ihrem Herzen. Ich stehe daneben. Hilflos. Sehe, wie ich wieder an den Rand gedrängt werde.

Viele Jahre später sehen wir uns wieder. Wir sind so um die dreißig. Ein Zufall oder wer auch immer hat dafür gesorgt, dass ich ihre Adresse in den Händen halte. Soll ich anrufen?

Was erwarte ich mir von diesem Treffen? Ich weiß es nicht genau. Schön wird sie sein. Wunderschön. Und ihr Charme wird mich wieder bezaubern. Als wäre die Zeit stehen geblieben. Ich fahre. Gegen Abend stehe ich vor ihr. Eine vom Leben enttäuschte Frau.

Ich erschrecke. Ist das das Mädchen, um das ich sieben Jahre gekämpft habe? Um das ich geweint habe? Für das ich gestorben wäre? Die ich verehrt habe wie eine Göttin?

Wir reden. Ein Rauhaardackel streicht mir um die Beine. Langsam kommt die Vertrautheit zurück. Ihre Stimme klingt wie früher. Ich spüre, dass da noch etwas ist. Ein unsichtbares Band zwischen uns. Es ist keine Liebe mehr. Und doch ist es ganz ähnlich. Ein Gefühl, das schwer zu beschreiben ist. Eine Art Verbundenheit, der die Jahre nichts anhaben können.

Auch später bemerke ich es. In den Jahren danach. Frauen, die ich einmal geliebt habe, werde ich auf diese bestimmte Art immer lieben. Diese Liebe geht nicht kaputt, sie verändert sich nur. Sie höret nimmer auf.

Eineinhalb Jahrzehnte später sehen wir uns wieder. Ich bin bereits als Talkmaster erfolgreich und komme ganz zufällig in ihre Heimatstadt. Sie erzählt mir, dass sie am Abend nach unserem letzten Treffen ihren Mann verlassen hat. Ich halte die Luft an. Ziemlich mutig, die Frau! Doch das ist genau die, die ich kenne. Und sie gesteht mir, dass ich von Anfang an mehr für sie war als nur ein Tanzpartner.

»Aber du warst so dominant«, sagt sie.

Und wieder traue ich meinen Ohren nicht. Ich und dominant? Der kleine Fliege mit seinem Pepitaanzug? Das war doch nur eine große Klappe. Mit nichts als Angst dahinter.

Doch in diesem Augenblick beginnt sich meine ganze Jungenwelt zu drehen.

Regelrecht Angst habe sie vor mir gehabt. Als könnte ich sie mit meiner Energie erdrücken. Und die wechselnden Freunde, die habe sie sich nur als Selbstschutz zugelegt. Um mich auf Abstand zu halten.

Ich sitze vor ihr und höre nur zu. Sie hatte mein innerstes Ich erkannt. Schon damals. In der Tanzstunde. Und sie konnte nicht damit umgehen. Und ich nicht mit ihr.

Wir gehen spazieren. Sie erzählt sich ihre Wahrheiten von der Seele. Und ich erzähle ihr von meinen Qualen. Von meiner Eifersucht auf die Jungen, die sie sicher küsste. Während ich im Abseits stand und Ketten bastelte.

Wir öffnen unsere alten Wunden, schauen in sie hinein und hoffen, dass sie endlich verheilen können.

*

Ich rede nicht gerne darüber. Erst recht nicht vor tausenden und abertausenden von Fernsehzuschauern. Man muss vorsichtig sein mit dem Zeigen und Deuten seiner eigenen Wunden. Man darf mit ihnen nicht auf den Markt gehen. Ich auch nicht.

Menschen sind nicht nur eine harmlose Schafherde. Menschen sind immer auch ein Wolfsrudel. Sie sind jeder-

wenigstens kam es mir vor, als ich aus meiner Kleinstadt zum ersten Mal vor dem Gebäude stand und das Kreischen der Schwebebahn hörte.

Wann hat die Geschichte angefangen? Weit vorher. Irgendein Wochentag im Spätfrühling. Meine speckige kurze Lederhose und mein kariertes Hemd, an das ich mich noch gut erinnere, sprechen dafür. Und es ist später Nachmittag, als ich vor dem Spielwarengeschäft in der Hauptstraße stehen bleibe.

Hinter der Schaufensterscheibe sind Kuscheltiere aufgebaut, die sich, von einem inneren, unsichtbaren Motor getrieben, bewegen. Stundenlang kann ich da stehen und staunen. Und so bemerke ich auch nicht den Mann, der sich langsam an meine rechte Seite schiebt.

Wie er es fertigt bringt, mein ganzes Vertrauen zu bekommen, das weiß ich heute auch nicht mehr. Ich spüre aber bis heute noch seine »Dunkelheit«. Seine Blässe, seine leise, fast säuselnde Stimme, die mein Herz erobern will. Und seine warme Hand. Er hat keine Kanten, würde ich heute sagen. Er ist weich. Und er drängt sich weiter an mich.

Niemand von den Passanten, die hinter uns vorbei gehen, soll sehen, was da vor sich geht. Und dass er sich an mich drängt, ist durchaus in meinem Sinne. Denn dass hier etwas Verbotenes geschieht, ist mir bewusst. Er sagt es ja selber. Er macht kein Geheimnis daraus. Aber er sagt es wie ein Teufel, der im Gewand der Wahrheit daherkommt, um am Ende doch meine Seele, meine tiefsten Geheimnisse aufzusaugen.

Er fragt, ob es mir gefällt. Er fragt! Und ich könnte ja antworten, dass es mir nicht gefällt. Überhaupt nicht. Aber es gefällt mir. Darf man das sagen? Darf man das zugeben, wenn einem ein wildfremder Mann mit seiner Hand ...? Man darf es nicht! Kein Kind darf das. Und ich war ein Kind.

Ich durfte es nicht. Ich hätte es meiner Mutter und meinem Vater gerne gesagt. Ich hätte es auch gerne der Kripo gesagt und den Richtern. Aber sie hätten mich alle nicht verstanden. Ich weiß es. Und Einsamkeit ist der höchste Preis, den man im Leben nicht gerne zahlt. Den konnte und den wollte ich auch nicht zahlen. Diese fremde Hand und die Gefühle, die sie in mir hervorzauberte, die gefielen mir durchaus. Da war endlich einmal ein Erwachsener, der keinen Bogen um meine Empfindungen und Gefühle, Fragen und sexuelle Neugier machte. So wie all die anderen.

Er fragte ja. Er vergewaltigte ja nicht. Oder doch? Er hat ja mit seiner vertrauenserweckenden Stimme sogar einen Vorschlag gemacht, der durchaus in meinem Sinn war.

Wir sollen weg von der Hauptstraße. Zu viele Leute, sagt er. Zu viel Peinlichkeit, wenn sein oder unser gemeinsames Spiel entdeckt würde. Ich denke keinen Augenblick darüber nach, woher denn der fremde Mann, den ich nie, nie in meiner kleinen Heimatstadt gesehen habe, woher der denn weiß, wo in der Nebenstraße noch ein weiteres Spielzeuggeschäft ist. Eines, vor dem wir genauso stehen können, genauso eng, mit demselben Schauer, mit demselben Gefühl. Ich weiß nicht, ob ich ausdrücklich Ja sage. Aber ich stimme zu. Er zerrt mich nicht aus der Stadt heraus. Es gibt keine offene Gewalt. Da ist Neugierde, die alle Scheu und alle Scham überfährt.

So ziehen wir wie zwei Verschworene langsam aus der Stadt zu dem Spielwarengeschäft, das jetzt nur noch als Kulisse für unser Spiel dient. Was im Schaufenster ist, interessiert mich nicht mehr. Und als wir da sind und »unser« Spiel erneut beginnen, kommen immer noch ab und zu Leute vorbei und es gibt durchaus schon Gedanken, die Straßen der Stadt ganz zu verlassen. Irgendwohin, wo wir ganz allein sein würden.

Ich sehe die Gefahr nicht, in der ich schwebe. Und könnte meine Mutter sie irgendwie sehen, sozusagen von oben auf die kleine Stadt schauen und ihren Sohn und einen fremden Mann und die Hand und die Gefangenschaft, in der ich längst schon bin, sie würde wie eine Löwin herbeispringen, um mich zu retten. Keinen Augenblick würde sie zögern und mich den Händen und Phantasien dieses Mannes entreißen.

Aber meine Mutter ist arbeiten. Sie steht zur selben Zeit ein paar hundert Meter weiter in ihrem Geschäft und lächelt hinter der Theke ihre Kunden an. Und mein Vater ist noch einen Kilometer weiter entfernt in »seiner« Firma und sorgt sich um Umsatz und Erfolge, Märkte und Möglichkeiten.

Wenn ich es heute, über vierzig Jahre später, erzähle und aufschreibe, dann wird mir mit jedem Jahr klarer, dass nur einer aufpasste. Nämlich der, den wir so oft verspotten, dass er nicht da ist, wo wir ihn gerne hätten. Wir rufen ihn an in der Not und er ist nicht da. Aber bei mir war er da. Auch ohne dass ich selber rief. Ich sah keine Gefahr. Aber er!

Warum und wozu fuhr mein zwei Jahre älterer Bruder ausgerechnet an diesem Tag, zu dieser Minute mit seinem Fahrrad durch diese scheinbar gottverlassene Nebenstraße durch die Stadt? Die Warum-Frage ist leicht beantwortet: Sein Fahrrad hatte weder eine funktionierende Bremse noch Licht. Da waren nur ein Rahmen und zwei Räder und Rücktritt und Lenker. Mehr nicht. Und mit so einem Fahrrad fährt man nicht die Hauptstraße entlang genau in die Arme der Polizei. Da weicht man aus.

Und wozu fährt er durch die Nebenstraße? Mit welchem Ziel? Mit welcher für ihn selbst unbekannten Aufgabe ist er unterwegs? Wer hat ihn geschickt? Welches Schicksal? Er fährt, um mich, seinen Bruder, zu retten!

Er fährt wieder wie ein Wilder durch die Straße, ohne Schutzbleche, ohne alles. Und da sieht er mich und den Mann. Ich habe nie mit meinem Bruder darüber gesprochen. Bis heute nicht. Da war zu viel Scham. Was hat ihn gestört? Warum hielt er an? Er ist doch sonst in den Jahren unseres Kinderlebens tausend Mal an mir vorbeigefahren. War es der fremde Mann? Störte ihn die Nähe? Die Hand des Fremden hat er auf jeden Fall nicht gesehen. Die hatten wir verborgen.

Er hält an. Nein, er dreht bei. Er ist schon fast vorübergefahren, da bremst er und dreht bei. Mein Herz schlägt. Ich fühle mich ertappt. Die Hand! Die Hand! Das ist doch mein Bruder. Die Hand raus! Und jetzt etwas zur Straße drehen und antworten.Wer der Mann sei, fragt der Zwölfjährige. Was wir hier fast draußen vor der Stadt suchten, fragt der Hans-Dampf-Bruder. Und mir fällt ein, was allen ertappten Menschen in der Welt einfällt: »Nichts. Nur so.«

Ich löse mich von dem Fremden und schlendere wieder mit ein, zwei Schritten auf die Stadt zu. Mein Bruder steht da immer noch. Das Fahrrad, sein Rennrad, seine »Maschine« zwischen den Beinen und die Hände am Lenker. Er schaut auf den Mann, schaut auf mich. Sekundenlang. Tritt dann aber Gott sein Dank seine »Maschine« wieder mit dem rechten Fuß an, dreht mit der rechten Hand am »Gas« und jagt los.

Gesagt hat er nichts zu Hause. Ich habe gewaltige Angst gehabt, dass er petzen würde. Und weil er tagelang nichts sagte, hatte ich schon gehofft, die Sache wäre vergessen. Bis er dann am Samstag, als die ganze Familie am Kaffeetisch saß, seinen blöden Satz sagte. Oder war es eine Frage: »Sag mal, was hast du denn mit dem fremden Mann vor dem Spielwarengeschäft gemacht?«

Jetzt brannte die Welt. Und sie ist über Wochen, Monate und Jahre nicht mehr zur Ruhe gekommen. Zuerst die Beichte vor Mutter und Vater. Dann der Gang zur Kripo. Der dicke Kommissar, sein Hemd, das über dem Bauch spannte, Achselschweiß, seine Zigarettenmarke, schlechte Zähne, fettige Haare und immer wieder die Geschichte. Alles ganz genau. Haarklein.

Oh, Vater im Himmel! Welche Worte der Fremde gesagt habe? Er muss doch was gesagt haben. Und wie der Mann aussah? Wie alt er gewesen sei?

Ich fühlte mich wie ein Verräter. Doch danach hat man mich nie gefragt. Man hat auch nie gefragt, wieso es kommen konnte, dass ein kleiner Junge von einem fremden Mann so leicht missbraucht und verführt werden konnte. Ich wüsste nicht, dass meine Mutter oder mein Vater oder eine entrüstete Öffentlichkeit einmal über ihre verklemmte und angstbesetzte Sexualität nachgedacht hätten. Der Fremde war der erste Erwachsene, der keinen Bogen um etwas machte, was ich für sehr, sehr zentral in meinem Leben hielt. Und offenbar nicht nur ich. Der Vater des Lebens wohl auch.

Man hat ihn später »gekriegt«. Monate später hat man ihn verhaftet und vor Gericht gestellt. Und wieder und wieder die Befragung. Und die Begegnung mit fremden anderen Jungen, die ähnliche Geschichten hinter den dicken Eichentüren des Landgerichts zu erzählen hatten. Und die Verurteilung zu mehreren Jahren Zuchthaus. Und immer noch das Gefühl in mir, dass ich doch mitgemacht hatte, dass ich auch »schuldig« sei. Es hatte mir doch schließlich gefallen. Jahrelange Träume.

Szenen dieser eigenen Geschichte tauchen auf, wenn ich heute vor einem Millionenpublikum einen Gast in meiner Sendung unterbreche.

Es ist eine Frau. Sie ist mit ihrem Mann ins Studio gekommen, um über ihre Essstörungen zu sprechen. Da sitzt sie. Und gleich wird sie erzählen, was sie der Redakteurin vor der Sendung schon erzählt hat. Dass sie spät geheiratet hat, dass sie jetzt Kinder hat, dass sie ihrem Mann und den Kindern anfänglich nichts erzählt hat von ihren Störungen. Und dass sie immer wieder vom Mittagstisch aufstehen muss, um sich in der Toilette zu übergeben. Und wie sie sich schämte und alles tat, dies vor dem Ehemann und den Kindern zu verbergen. Davon wird sie heute erzählen wollen.

Aber in der Sendung kommt heraus, dass die anderen Frauen, die wir zum Thema eingeladen haben, hinter ihren Störungen in einem oft jahrelangen therapeutischen Prozess eine versteckte Missbrauchsgeschichte entdeckten. Jetzt brechen bei meinem Gast mit einem Mal die Dämme der Angst und der Demütigung und Entwürdigung. Jahrelang, ja, Jahrzehnte habe sie standhalten können und ihre Lippen verschlossen. Keinen Ton hat sie ihrem Mann davon erzählt. Warum auch, sie hatte doch gehofft, das mit sich selbst aushandeln zu können. Warum sollten ihr Mann und die Kinder erfahren, was fremde Männer, die ihre Mutter besuchten, mit ihr als Kind getrieben haben?

Warum auch? Es war doch sowieso nichts mehr zu ändern. Es lang doch Jahrzehnte zurück. Und so erzählt sie eben nicht nur von ihrem Kampf mit den Pfunden, den Kleidergrößen, dem Appetit, dem Hunger und dem Erbrechen. Die anderen Frauen haben ihr quasi eine Schneise in den Dschungel ihrer Angst geschlagen und sie legt unerwartet los.

Da frage ich sie schnell, wie von einer Eingebung getragen, nach ihren eigenen Kindern. Ich erfahre, dass es die durchaus gibt. Und ich frage nach dem Alter der Kinder. Sie sind so alt wie ich damals am Spielzeugwarengeschäft.

Ich fühle keinen Unterschied, ob ich als Kind von meinem Missbrauch erzählen müsste oder ob es meine Mutter vor aller Welt bereit wäre zu tun.

Stop! Nicht erzählen! Hier nicht! Diese Geschichte gehört zuerst ins Ohr des Ehemannes, der wie versteinert neben seiner Frau sitzt und nach ihrer Hand sucht. Und dann gehört sie vielleicht Jahre später auch in die Herzen ihrer Kinder.

Wenn sie sich sicher genug fühlt, auch ohne einen Fernsehmoderator an ihrer Seite davon zu erzählen, dann wird diese Geschichte für unsere gemeinsame Geschichte ein kostbares Geschenk sein. Sie wird zur Erfahrung von uns allen. Und das ist das Wertvollste, Sinnvollste, was damit passieren kann.

Und als sie erzählt, wie ihre Mutter Männer empfing, die ihre Hände im Alkoholrausch auch nach der Tochter ausstreckten, da reicht es dann. Da ist es fast schon zu viel. Ich reagiere wie ein Fahrschullehrer, der in der Öffentlichkeit mit seinen Schülern unterwegs ist. Die Fahrschüler des Lebens sind da und dort bereit, ihre ureigenste Erfahrung auch zur Erfahrung aller werden zu lassen. Sie sehnen sich Jahrzehnte später nach dem Schutz des Stammes, der Familie, der Gruppe, die doch zu schützen versprach und es nicht tat.

Für mich aber gilt: Es gibt nicht nur das Gaspedal. Es gibt auch die Bremse.

Aber auch eine gewisse Gelassenheit, weil ich das Muster der Krankheit kannte. Auf den Knien war ich drauf gestoßen worden.

*

»Knie nieder! Du sollst niederknien! Bitte knie nieder, sofort, und bete mit mir. Sonst ist es zu spät!«

Die junge Frau sitzt auf ihrem Klinikbett und fleht mich an. Ich bin eben fertig geworden mit meinem Studium, elf Semester nur Bücher und Buchstaben, und soll in dieser Klinik ein mehrmonatiges Praktikum absolvieren.

Nervenklinik, geschlossene Abteilung, Frauen! Weiß der Himmel, was einen hinter den strengstens abgeschlossenen Türen erwartet. Der Himmel weiß es. Ich rechne mit allem. Nur nicht, dass hier eine der wichtigsten Lektionen meines Lebens stattfinden wird.

Ich sitze mit den Schwestern der Station gerade im Überwachungszimmer mitten auf dem Flur der Station. Da kommt die Frau. Wir hören auf, über die Sache von gestern weiter zu reden. Das war ein Stich ins Wespennest. Eine Patientin hatte versucht, ihrem Leben ein Ende zu machen. Sie hat ihr Hemd zu einem Seil zusammengedreht und es an die Heizungsrohre geknotet. Mit dem anderen Ende um ihren Hals hat sie sich ruckartig nach vorne fallen lassen. »Ohne Erfolg«, sagt die Stationsschwester. Und ich denke noch über das Wort »Erfolg« nach.

Und genau jetzt reißt die junge Frau die Tür auf. Ein wilder Blick. Was will die? Sie schaut sich um. Sieht mich. Winkt: »Komm mit! Schnell! Du bist doch der Pfarrer! Los!«

Etwas hilflos schau ich mich nach den neuen Kolleginnen um. Da kommt kein Einwand. Also steh ich auf und geh mit ihr. Da nimmt sie meine Hand und zieht mich heftig über den Flur. Als wenn es ihr nicht schnell genug ginge. Warum ist sie wohl hier? Hier kommen doch nur Frauen rein, bei denen man aufpassen muss, dass sich so was wie gestern nie ereignet. Was will sie?

Ich zögere. Wieder ein Selbstmordversuch? Eine andere Frau? Sie selber? Pfarrer holt man doch nur in bestimmten Situationen. Ich weiß es nicht. Was verrät mir ihr Aussehen?

Eben zwanzig, denke ich. Jünger als ich. Das lange, fast schwarze Haar notdürftig zu einem Pferdeschwanz gebändigt. Was will sie?

Jetzt reißt sie fast die Tür eines Krankenzimmers auf. Ihr Zimmer offenbar. Zweibettzimmer. Aber sie lebt allein hier. Hinter mir wirft sie sich mit dem Rücken gegen die Tür. Verdammt, was will die? Wir sind allein. Jedenfalls will sie mir etwas zeigen. Aber was dann? Hier ist nichts als das ganz normale Zimmer einer Frau in einer geschlossenen Abteilung. Kargheit, nichts als weiße Wände. Ein Ort, an dem die langen Ärmel der Oberhemden durchaus den oft ersehnten Tod bringen können.

»Knie nieder! Knie endlich nieder und bete mit mir!«

Ich weiß nicht recht. Stehe wohl ziemlich blöd da rum. Da zieht sie aus der Schublade ihres Nachttisches ein Bündel Papiertaschentücher.

»Los, aufmachen!«

Und schon bückt sie sich und legt den Boden mit weißen Taschentüchern aus. Ich stehe da und weiß nichts mehr. Wahrscheinlich mache ich alles falsch. Was soll das alles? Warum kommt keiner aus dem Team und hilft mir aus der Verlegenheit? Irgendwo hat sie offenbar einen Tannenzapfen und ein paar grüne Glasscherben in ihrem Zimmer versteckt gehalten. Die legt sie vorsichtig auf den weißen Papierteppich. Und dann holt sie die Bibel vom Nachttisch runter. Aufgeschlagen, egal wo, und genau in die Mitte drapiert.

»Bete, bete doch! Es kommt, es kommt!«

Was kommt?

»Ich weiß nicht. Die Macht. Sie kommt und kriegt mich.«

Wovon redet sie? Was meint sie mit »Macht«? Was hat sie für eine Krankheit? Warum hilft mir denn keiner?

»Bete!«

»Was denn?«

»Bete!«

Ich stehe da wie angewurzelt. Was soll ich beten? Wenn ich wüsste, was sie hat, dann könnte ich mit ihr um Hilfe rufen. Aber ich weiß ja nichts.

»Los, runter, auf die Knie!«

Gut, dass uns keiner sehen kann. Der Taschentuchaltar, die Frau mit den ungebändigten Haaren, dem wirren Blick und der weichlich aussehende neue »Pfarrer« mit den langen Haaren der 68er Generation. Hilflos. Die ganze Welt wollte ich doch verändern. Und jetzt steh ich da in einem Krankenzimmer und weiß nicht einmal, wie ich diesem Menschenkind helfen kann. Ich weiß nichts. Ich kann nichts.

Soll ich jetzt einfach die Tür aufreißen und abhauen? Zurück zum Team? Und irgendwas erzählen? Heldengeschichten? Aber wovor soll ich denn weglaufen? Vor einer jungen Frau, die mir nichts tut? Die nur will, dass ich mit ihr bete? Vor der eigenen Hilflosigkeit würde ich weglaufen. Das ist die Wahrheit.

Das sind alles Gedanken in Sekundenbruchteilen. Gedanken, während der Körper längst dem Bitten, dem Flehen der jungen Frau nachkommt. Ich gehe in die Knie. Ich knie auf Tempotaschentüchern. Ich knie links neben der Frau. Und da spüre ich es: ihre Hilflosigkeit und meine. Das schwingt sich zusammen. Sie zittert. Ich weiß nicht, wovor. Aber sie zittert. Und ich spüre den »Feind«, ihren »Feind«. Da rollt oder grollt was auf sie zu. Das ist spürbar. Ihre Stimme artikuliert jetzt keine Worte mehr. Da ist nur noch Atmen und ein tiefes Rollen in ihrer Kehle. Urlaute, Abgründe.

Ich bekomme es mit der Angst zu tun. Mit meiner Angst. Ich falte die Hände und rufe um Hilfe für eine fremde Frau, auf die etwas zurollt wie eine schwarze Wand und sie zwingen will, vergewaltigen. Was ist das?

»Vater im Himmel, was ist das? Hilf uns! Hilf uns!«

Da steht sie unvermittelt auf. Schaut mich nicht an. Keine Hilfe vom Himmel offenbar. Hätte mich auch gewundert. Und jetzt reißt sie die Tür auf. Oh Gott, wenn uns jetzt die anderen sehen? Die Schwestern, die Patientinnen? Der Pfarrer kniend vor einem Tannenzapfen und den Überresten einer alten Pfandflasche.

»Los, geh mit! Wir müssen was machen.«

Schon ist sie wieder auf den Knien und rutscht auf den Flur hinaus. Jetzt dreht sie sich um, winkt mit dem Kopf, ich soll kommen. Hilfe! Sie will doch nicht etwa, dass ich mit ihr über den Flur rutsche? Betend und rutschend? Flehend und wie bei einem Opfergang. Wir, die Opfer! Der Altar im Zimmer!

Ich kann nicht. Aber wenn ich nicht gehe, ist sie allein. Ich muss. Und wir rutschen über den Flur, murmeln unsere Hilferufe. Zuerst hoffe ich noch, dass keiner zuschaut. Aber dann ist es mir auch egal. Ich bleibe einfach bei ihr. Alles andere wird sich finden.

Natürlich haben alle geschaut. Aber keiner hat gelacht. Und als wir ein paar Runden gedreht haben, steht die Frau auf und zieht mich nach oben. Ihr Blick ist wieder klar. Was war?

Das erzählen mir später die Ärzte. Auch sie lachen mich nicht aus. Eher umgekehrt. Schwingt da Anerkennung für mein Dabeibleiben mit? Die Patientin zählen sie hier zu den »Schnibblerinnen«, so wie man auf anderen Krankenhausstationen der »Magen« oder die »Lunge« ist. Sie verletzt sich mit Messern, Rasierklingen, scharfen Glasscherben. Ein Drang, der in Schüben kommt. Der Schmerz, den sie dann spürt, und das Blut, das sie sieht, helfen ihr offenbar, wieder zu sich zu finden. In Augenblicken, wenn die

Erinnerung an ein Missbrauchsgeschehen sie schier zerreißt.

Nie war ich so hilflos wie heute. Aber nie zuvor habe ich mitbekommen, dass geteilte Hilflosigkeit der Anfang eines gemeinsamen Rettungsweges sein kann. Ohne Medikamente durchstand die Frau diesen Schub. Durch ein Ritual, sicherlich. Aber auch, weil jemand an ihrer Seite war.

Beistehen

»Spuren im Sand«. Dieser rührend naive Text, der davon erzählt, wie oft man im Leben durch die dunkelste Zeit getragen worden ist. Ohne es zu bemerken. Die kleinen Krisen des Lebens, die scheint man auf seinen eigenen Beinen durchlaufen zu können. Die großen aber, die über Grenzen gehen, durch die wird man getragen. Auch Gefahren haben ihre Flügel.

Oder war es doch Jesus, der einen trug? Ich weiß es nicht. Wer weiß es schon. Waren es Engel? Wenn Engel auch Männer sein können, Männer und Frauen, dann waren es Engel, meinetwegen.

Der erste Engel meines Lebens war sicherlich mein Großvater. Opa Eugen, der mir den Weg wies.

Er ist ein ruhiger Mann. Einer, der zuhören kann. Großvater Eugen ist meine Heimat. Zu ihm laufe ich, wenn mich mein Vater wieder einmal geschlagen hat.

Einmal bitte ich ihn, meinen Vater zu versohlen. Er soll sich für mich wehren.

»Das kann ich nicht«, sagt er und nimmt mich auf den Schoß. Er streichelt mich und drückt meinen zitternden Körper an sich. Ich spüre seine Wärme. Seine menschliche und seine körperliche Wärme. Seinen Geruch aus Zigarrenstumpen und Männerschweiß. Abgeflammte Armhaare überm offenen Feuer. Männerwelten, Heimatgerüche! Ein Gefühl des Angenommenwerdens.

Großvater Eugen ist Postbote. Bei ihm bin ich quasi groß geworden. Von sieben Tagen der Woche habe ich mindestens fünf, eher sechs bei ihm verbracht.

Sein altes Fachwerkhaus liegt nur fünfhundert Meter von unserem Neubau entfernt. In seiner »guten Stube« fühle ich mich wohl. Eine große Wohnküche. Der Herd, der Schrank mit dem Erdbeersaft im obersten Regal, der Küchentisch am Fenster und das tiefe Sofa mit der Wanduhr darüber. Hier spielt sich das Leben ab. Mein kleines Leben. Gemütliche Geborgenheit. Meine Kindheit.

Opa Eugen zeigt mir, was einen kleinen Jungen interessiert: Werkzeuge erklären, Kartoffeln ernten, Feuer machen, Fische entgräten, Hühner und Kaninchen schlachten.

Und da, meine erste Mutprobe: Ich muss die Hennen auf den Block legen und sie am Kamm festhalten. Die Axt zischt millimeterscharf an meinen Fingern vorbei. Als Sechsjähriger halte ich dann Beine und Flügel fest, wenn die geköpften Hühner wegflattern wollen. Und überall ist Blut. Aber auch das Lachen des Großvaters. Alles bleibt in meiner Seele. Zuerst die Stille, der Ernst, dann der Schlag, das Flattern, das Blut und dann das erlösende Lachen. Mein Großvater hat keine Gelegenheit ausgelassen, mich in meine Angst zu schicken, wenn er das gute Ende absah.

Von diesem erdverbundenen Mann lerne ich, dass man aus einem Garten immer eine Ernte mit nach Hause nimmt. Das Schälen der Kartoffeln ist eine regelrechte Zeremonie. Großvater Eugen fährt jede Linie der Kartoffel sorgsam mit dem Messer nach. Jedes Auge wird liebevoll herausoperiert. Kartoffelschälen als Meditation.

In seinem Garten zeigt er mir, wie man Äpfel aus den hohen Kronen pflückt und im Winter die Bäume beschneidet. Alles, was bei meinen Eltern verboten ist, ist hier erlaubt. Ich darf auf Bäume klettern, mit Kirschkernen spucken und mich dreckig machen. Ich fühle mich frei. Unendlich frei. Nein: Ich fühle mich verbunden. Mit ihm verbunden. Freiheit als Wissen, wohin man gehört. Schade, dass ich nicht »Henze« heiße wie er.

Bis heute verstehe ich mich nach seinem Vorbild als »Erlaubnisgeber«. Ich bin kein »Verhinderer«. Ich bin nicht nur gerne der Kapitän, der alles bestimmt und im Alleingang entscheidet. Ich bin auch die Seenotrettung, die anrückt, wenn etwas schief geht. Ich lasse gerne zu, wenn ich das gute Ende ahne.

Und dann sein Mittagsritual: Das Lesen des Neukirchener Abreißkalenders. Ein Akt, der regelrecht zelebriert wird. Denn erst um die Mittagszeit, wenn für andere der halbe Tag schon rum ist, wenige Minuten nach zwölf, wird das Blatt des Vortages von der Wand abgerissen. Dann greift Großvater Eugen zur Brille und beginnt zu lesen. Seine Stimme ist monoton. Fast wie bei tibetischen Mönchen. Ohne jede Modulation. Die Zeit zählt nicht mehr. Großvater und seine Stimme: ein akustisches Fenster in die andere Wirklichkeit.

Was auf der Vorderseite des Kalenders steht, interessiert mich nicht. Dogmatische Sätze: Dass Gott der Herr sei! Dass Jesus für uns gestorben sei und was weiß ich alles nicht mehr. Wir sollen all unsere Schuld auf ihn wälzen. Auf dass die, die an ihn glauben, nicht verloren gehen, sondern das ewige Leben erlangen.

Kluge, verdichtete, aber doch blutleere Sprüche. Weit entfernt von einem Kind. Weit entfernt von mir. Und auch weit entfernt vom Alltag der Menschen. Es waren Begriffe statt Geschichten. Das habe ich heute begriffen.

Dann aber dreht Großvater Eugen das Kalenderblatt um. Und auf der Rückseite stehen spannende Abenteuergeschichten. Leute aus dem Volk erzählen von ihren Nöten, von ihren Krisen und Todesgefahren. Und sie erzählen, wie Jesus ihnen vom Himmel her beistand. Wie sie wieder Mut fassten und wie sie allein gegen den Rest der Welt antraten. Das ist meine Welt. Die Welt eines kleinen Jungen, der in einer großen Welt bestehen soll. Aufregend, ganz nah dran am wirklichen Leben.

Dazu die Stimme meines Opas: Tief und sanft, fast schon ein Raunen. Die Augen gesenkt, versenkt. Ich versinke in eine Art Trance.

Dann faltet er seine Hände. Er betet: »Komm, Herr Jesu, sei unser Gast und segne uns und alles, was du uns aus Gnaden bescheret hast.« Irgendwann falle ich ein in sein Gebet, übernehme seinen Rhythmus. Und dann das gemeinsame »Amen!«. Augen auf und wir sitzen vor dampfenden Kartoffelbergen.

In diesen magischen Augenblicken ahne ich die bodenständige Frömmigkeit meines Großvaters. Ein Gemisch aus Erdverbundenheit, Kartoffelschälen, Stimme, Vaterunser als Gottvertrauen und seelischer Heimat. Bei diesem Großvater, seligen Angedenkens, habe ich meine Grundausbildung im Handwerk der Priester, Pfarrer, Schamanen und Heimatforscher der Seele bekommen. Wo die Not am größten, war Eugen mir am nächsten.

Es ist der 28. Februar. Großvater Eugen hat Geburtstag. Ich bin wohl vier Jahre alt. Und es riecht nach warmer Kirschtorte. Mürbeteig und das aufgekochte Obst. Opa backt selbst. Er macht alles selber. Menschen an seiner Seite werden zu Statisten. Vorsicht! Die Sauerkirschen stammen vom eigenen Baum und sind seltene Kostbarkeiten. Die ersten Gratulanten am Vormittag bekommen die letzten Weihnachtsplätzchen. Natürlich ist auch der Pfarrer zu seinem Ehrentag eingeladen. Den ganzen Tag über frage ich mich, wann endlich die Kirschtorte angeschnitten wird. Stunde um Stunde vergeht. Ich habe Hunger und mehr. Doch sie wird nicht angetastet. Großvater vertröstet mich: Gleich!

Es klingelt an der Tür. Der Pastor tritt ein. Und plötzlich wird mir klar: Das erste Stück der Torte ist für den Pfarrer. In diesem Moment begreife ich die Weltordnung meines Großvaters: Die wichtigste Person in seinem Leben bin gar nicht ich, sondern der Geistliche. Der kriegt das erste Stück. Mit Schlagsahne, versteht sich! Von da an weiß ich, was ich werden will: Pfarrer!

Mein Großvater ist ein mächtiger Mann. Aber er kennt einen noch mächtigeren hier auf Erden. Oben, über ihm, ganz oben! Genau da will ich hin. Das wäre doch was. Keiner mehr über sich, vor dem man sich fürchten muss. Sogar mein Vater müsste kuschen.

Nur noch einer über mir. Doch von dem wusste ich immer: Er schlägt nicht. So wenig, wie Großvater schlägt. Er ist nicht neurotisch. Er ist kein Erzieher, der mit Zuckerbrot und Peitsche das Leben ordnen will. Und er ist auch kein Kaufmann, für den alles seinen Preis hat. Der Vater ist ein richtiger Vater. Einer, der aufrichtet. Und von Großvater hatte ich ja seine Adresse: der Vater im Himmel.

Gott, Kaiser, Vaterland. Ist das die Reihenfolge? Protestanten sind sich da oft nicht ganz sicher. Hurra und Amen liegen bei ihnen oft sehr nah zusammen und wurden auch da und dort verwechselt. Reichskriegsflaggen sah ich auf Altären und deutsche Christen marschierten nicht erst seit dem Faschismus im Gleichschritt mit.

Diese eigenartige Nähe von Protestantismus und Nationalismus ist immer wieder zu beobachten. Beim Beten: Da steht der Protestant auf. »Helm ab zum Gebet!« gewissermaßen. Der Rest der Welt aber und zuvorderst die Katholiken gehen demütig auf die Knie und verstärken damit die Erfahrung, klein zu sein. Klein vor dem Allmächtigen. Da, wo der Schauer, der über dem Rücken läuft, zu Hause ist: der kleine Mensch und die große Schöpfung. Der kleine

Mensch im großen Gebirge. Der kleine Mensch und das ewige Meer.

Als Postbote besitzt Großvater Eugen eine kaiserliche Uniform mit Säbel. Jahrzehnte später wird sie immer noch sorgsam in einer Kammer unterm Dach aufbewahrt. Und mit ihr ein Foto der letzten Postkutschenfahrer. Mitten drin: Großvater Eugen. Mit stolzem Blick und in voller Montur. Die Uniform als Ausdruck unbeschränkter Macht des Kaisers.

Großvater Eugen. Dieser Held meiner Kindheit. Er hilft mir bis heute, das richtige Maß zu finden. Ein paar Worte von ihm, und eine durcheinander gewürfelte Welt fällt wieder in das Lot meiner Kindheit und wird übersichtlich.

Er ist längst tot, Jahre schon, da leite ich als Mitarbeiter bei SAT 1 eine dieser unsäglichen Angeberkonferenzen: Zig Rechtsanwälte und alle in dunklen Anzügen mit blau gestreiften Hemden und Krawatte und Flugticket im Lederkoffer. Da kommt eines von Opas Worten nach Jahren angeflogen: »Das soll nun wieder so was sein!« Als wenn Opa Eugen selbst reden würde.

»Das soll nun wieder so was sein!« Auf Deutsch: »Angeber!« Besser aber: Ihr habt's wohl nötig! Ihr Nötighaber! Opas Kommentar zur aktuellen Welterfahrung seines Enkels verlässt mich nie. Er trifft mich blitzartig in Kirchen, in Museen, feierlichen Reden, immer dann, wenn sich Menschen gockelhaft benehmen. Wenn sie glauben, jemand ganz Besonderes zu sein. Da kommt Eugen und klärt für mich die Sache. Als wenn er vom Himmel aus zuschauen könnte. Oder kann er das etwa? Der Kontakt zu verstorbenen Großvätern ist Mystik für Anfänger!
Wer weiß schon, von wem er durchs Leben getragen wird?

Wenn ich es schon mit wenigen Jahren wusste, dass Opa Eugen mich trägt, dann werde ich vielleicht bis an das Ende meines Lebens damit warten müssen zu erfahren, wo und wie mich der andere Großvater, der Vater meines Vaters, trug. Doch dass er mich auch trug, einen Enkelsohn, der seinen Namen trägt, davon bin ich überzeugt. Ich werde sehen.

*

Opa Wilhelm mit Spitzhacke. Wie er dem felsigen Grund im Bergischen eine Baugrube abringt. Das ist das Bild, das ich als Erstes von meinem Großvater väterlicherseits im Kopf habe. Er starb, als ich gerade ein Jahr alt war. Starb er auch für mich? Ich hatte lange das Gefühl. Weil doch die Baugrube das neue Haus aufnehmen sollte. Das Haus, das wegen mir gebaut wurde? Die alte Wohnung war doch zu klein.

Opa Wilhelm war zudem mein Patenonkel. Und es dauert ein halbes Jahrhundert, bis ich mich diesem geheimnisvollen Mann zuwenden kann.

Es gab lange nur ein Foto: Halb steht er schon in der Erde. Kahler Schädel, die Pfeife im Mund. Er richtet sich auf, hebt die Hacke weit über seinen Kopf. Die Hosenträger spannen sich, im nächsten Moment saust die Hacke hinein in die lehmigen Steine.

Es ist seine letzte Arbeit. Dieses Haus noch. Vom Keller bis zum Dach. Er spricht nicht, kein Wort. Schweigend schwingt er die Spitzhacke. Meine ganze Kindheit lang.

Opa Wilhelm ist ein stiller Mann, der seine Umgebung mit dieser Nicht-Kommunikation tyrannisiert. Jahrelang, so ein Gerücht, soll er nicht geredet haben. Mit niemandem. Weil er arbeitslos war und sich schämte. Ein arbeitsloser Schlosser, der kein Geld mit nach Hause bringt, was ist der wert? Dann wiederum gibt er seiner Tochter erst auf seinem Totenbett den Segen, einen Katholiken zu lieben und zu heiraten. Niemand hat ihn je erkannt. Das liegt als Aufgabe noch vor mir.

Er wohnt mit seiner Familie draußen vor der Stadt. Dort, wo die Mieten etwas günstiger sind. Als sein Ältester, mein Vater, ihn bittet, beim Hausbau für ihn und seine vier Kinder mit anzupacken, wird er nicht lange gezögert haben.

An einem feuchten Herbsttag fängt er an zu husten. Das Haus ist gerade fertig. Später geht er in die Stadt zur Schreinerei Flüß. Ein Kilometer über freies Feld. Die Nässe setzt sich in seiner Kleidung fest. Und der Husten wird schlimmer und schlimmer.

Gebrüder Flüß. Sägerei, Zimmerei, Sarglager.

»Es geht mir nicht gut«, sagt er und schaut sich die Bretter für die Särge an. Was die kosten? Ein einfacher Sarg?

Kommt auf das Holz an, antwortet der Schreiner.

Gemeinsam gehen sie ins Lager. Fichte. Einfache Fichte. Mehr war nie drin. Großvater Wilhelm streicht über das Holz.

»Ich nehme diese da. Macht mir aus diesen Brettern meinen Sarg. Aber beeilt euch. Es dauert nicht mehr lange.«

Sieht er den Tod kommen? Wer nicht spricht, hat innere Welten. Wer schweigt, nimmt mehr wahr als die, die reden. Es ist die Stille, die uns reden lässt. Es ist die Stille, die wir suchen, wenn wir nicht weiterwissen. In der Stille liegt der Anfang.

Drei Tage später ist er tot.

Was hat er mir mitgegeben? Oberflächlich nur ein Haus. Aber hinter dieser rationalen Welt gibt es noch andere. Seine letzten Worte? Ich habe sie nicht gehört. Aber ich weiß, er wird mich abholen, wenn ich seine Welt betreten werde. Er wird da sein. Und ich werde mehr über mich wissen als je zuvor. Wortlos.

Ich bin fasziniert von Ernst Sieber. Er ist Pfarrer in Zürich. Hunderte von Junkies und Obdachlosen verdanken ihm alles. Mit einem Esel, wie Jesus, ist er in den kritischen 68 Tagen vor einer gewaltbereiten Großdemonstration hergezogen.

Steine, Farbbeutel und ein paar versteckte Pistolen hier und Gummiknüppel, Schlagstöcke und Pistolen da. Tausende schwarz Vermummte gegen Tausende Gendarmen. Und mittendrin der verrückte Pfarrer mit dem Esel. Wie in Trance, als wenn ihm niemand etwas anhaben könnte, geht er zwischen den Linien der Schlachtordnungen seinen Weg. Und nichts ist passiert.

Ein leiser Mann. Ein ganz leiser. Ihm verdanke ich auch die Geschichte mit den Stelzen.

Ich klaue nämlich, wo ich kann. Der Heilige Geist hat kein Copyright. Sieber, der Pfarrer, war im Schweizer »Wort zum Sonntag« auf Stelzen ins Studio marschiert. Das geht ja noch. Zeitlich gesehen.

Aber kann ich einen ganzen Gottesdienst auf Kinderstelzen zelebrieren? Und würde sofort deutlich werden, was das soll? Abstürzen darf ich unter keinen Umständen. Gottesdienste sind immer live.

In der Nacht zum Sonntag gehe ich in die Kirche. Mitternacht. Wenig Licht. Am besten keines. Denn wenn das jetzt einer mitkriegt, kann ich mir den Sonntag sparen. Ich höre schon das Gelächter und lese vor meinen Augen die Schlagzeile: Fliege übt fliegen, und zwar auf die Nase. Verrückter Pfarrer: Kanzel gegen Stelzen vertauscht! Fliegt Fliege? Bloß nicht! Also üben!

Es muss perfekt sein. Dann könnte es funktionieren. Ich weiß nicht, wie oft ich in dieser Nacht von den Holzstelzen falle. Bis ich es raus habe. Und genau das, was ich durch mein Üben herausfinden will, das Geheimnis des Aufsteigens, das will ich predigen. Die Leute sollen nicht nur hören, sie sollen auch sehen.

Gegen zehn füllt sich die Kirche. Mein Herz schlägt. Zwei oder drei Mal bin ich schon auf die Toilette neben der Sakristei gegangen. Durchfall! Angst! Wie immer vor dem Gottesdienst. Als wenn der Körper rein sein wolle. Ohne Ballast! Doch diesmal heftiger. Und immer die Frage: Warum machst du das? Warum überschreitest du die Grenze? Ist es für dein Ego oder ist es doch eher für die Leute?

Aber die Entscheidung ist längst gefallen. Die Kinderstelzen stehen schon neben dem Kreuz. Und wenn es gleich aufhören wird mit dem Läuten, dann bin ich dran.

Der letzte Glockenschlag. Ohne mich umzuschauen, gehe ich im schwarzen Talar aufs Kreuz zu, nehme die beiden Stelzen fest in meine beiden Hände, setze den linken Fuß auf die erste, drücke mich mit rechts vorsichtig vom Boden ab und balanciere.

Immer in Bewegung bleiben, das ist das Geheimnis. Nie ausruhen, nie Stille, nie stehen. Und die Arme und Hände immer in Anspannung. Holz und Körper müssen eins sein.

Jetzt drehe ich mich um. Vorsichtig. Ich sage nichts. Und da ist niemand, der lacht. Ich auch nicht. »Ich will mit euch diesen Tag des Herrn feiern. Und vielleicht können wir uns heute so nah sein, dass wir voneinander lernen. Lernen für unser hartes Leben. Ja, leicht lernen fürs harte Leben.

Denn was kostet uns der Stress des Lebens für eine unglaubliche Kraft. Schaut doch, was passiert, wenn man unbedingt höher kommen will im Leben, aufsteigen, einmal auf die anderen herabschauen können.

Was passiert da mit uns? Du kommst nicht mehr zur Ruhe. Arme und Beine verkrampfen. Besonders bei uns Männern. Keine Hand mehr frei zum spontanen Helfen und Streicheln. Sklaverei ohne Ketten.

Und die pure Angst, Tag und Nacht abzustürzen. Denn irgendwann ist auch die Kraft des Stärksten am Ende. Was dann? Aufsteigen geht nicht weiter. Absteigen auch nicht.

Gesichts- und Einkommensverlust. Das ist sowieso mittlerweile dasselbe.«

Irgendwann tipple ich während dieser Worte langsam rückwärts an das große Holzkreuz. Und ohne das groß zu erwähnen, lehne ich mich mit dem Rücken daran.

Stille. Ich stehe. Ich stehe oben, ohne zu laufen. Ich bleibe oben. Ich kann die Stelzen vorsichtig loslassen und trotzdem oben bleiben. Was braucht der Mensch? Anlehnung! Einen Beistand, der nicht wackelt. Die Wiederentdeckung der Anlehnung.

Und Stille. Denn in der Stille lernt er die wirklich tiefen Dinge. Stille lehrt ohne Gewalt. Auch ohne gewaltige Worte. Wer wirklich lehren will, muss zuerst lernen, wie man flüstert.

*

Sie hatten mir auf der Universität beigebracht, dass das Wort alles kann. Aber es stimmt nicht. Das Wort kann Wölfli nicht streicheln. Und das Wort kann auch nicht mit Wölfli ins Bett gehen und unter der Decke kuscheln.

Wölfli deckt mit seinen fast fünfzig Jahren auf, dass wir nicht nur eine Religion ohne Unterleib sind. Schlimmer! Wir sind eine Religion, die glaubt, auf jede Sinnlichkeit verzichten zu können. Wölfli deckt auf, dass meine theologischen Lehrer irrten. Wölfli ist wie das Kind aus dem Märchen von des Kaisers neuen Kleidern. Ohne es zu artikulieren, weil er es auch nicht kann, gibt er zu verstehen, dass er auf eine Liebe ohne Sinnlichkeit gut und gerne verzichten kann.

Er ist ein Mann und wird bald fünfzig. Er ist seit seiner Geburt geistig behindert. Er lehrte mich, dass ich einer Religion diene, die seit Jahrtausenden meint, auf jede Form von eigener Erfahrung und Sexualität verzichten zu können. Allein das Wort soll zählen.

Ach, ihr Protestanten, geht mit mir ins Bett zu Wölfli und ihr wisst, wie arm ihr seid und was uns alles fehlt!

Wölfli lebte mit seiner ebenfalls geistig behinderten Schwester immer noch bei seiner Mutter. Die hatte ihrem frommen Mann auf dessen Sterbebett sicher noch zu verstehen gegeben, dass er in Ruhe und Frieden von dieser Welt gehen könnte. Sie würde sich bis an ihr eigenes Lebensende um die hilfsbedürftigen Kinder kümmern.

Das tat sie. Dafür hat sie bis heute meine tiefste Bewunderung.

Wenn ich über die Dörfer fuhr, um mit den versprengten Protestanten am Niederrhein Gottesdienst zu feiern, und mich meine Arbeit auch in das Dorf von Wölfli führte, bat mich die Mutter auf einen Sprung hereinzukommen. Er würde sich sicher freuen.

Da stand er da gleich hinter der Tür mit seiner Breitkordhose, die von breiten Hosenträgern über dem großkarierten Hemd gehalten wurde. Er lachte. Er kratzte sich am Hinterkopf. Wusste seiner Freude kaum Ausdruck zu geben. Und wenn Wölfli lief, tanzte die Hose auf und ab. Die Füße steckten in dicken, selbst gestrickten Socken. Und die wiederum in den ausgetretenen Hausschuhen. So sah er aus. Jahraus, jahrein. Und wenn er mich sah, die Augen von einer dicken Brille geschützt, dann nahm er sie von der Nase, rieb sich die Augen, jauchzte, atmete tief und strich sich immer wieder durch die störrischen dunklen Haare.

Ich habe ihn in den Arm genommen. Mir war danach. Er hat seinen schweren Kopf auf meine Schulter gelegt und ihn an meinem Kopf gerieben. Alles im Angesicht der Mutter und der Schwester. Irgendwann schien ihn das zu stören. Da nahm er meine Hand und zog mich in sein Zimmer, sein Reich. Da waren wir allein. Wölfli legte sich mit all seinen Klamotten in sein Bett, hielt die Bettdecke hoch, als Zeichen, dass ich auch hineinsteigen sollte.

Tut man das als Pfarrer? Ist das nicht ein bisschen viel verlangt? Ich habe schon einmal ziemlich Prügel bekommen, als ich zugespitzt formuliert hatte, dass wir Geistlichen auch einem prostituierenden Gewerbe nachgehen. Wir lieben gegen Bezahlung!

Ich bin zu ihm ins Bett gestiegen. Und es war nicht schwer. Es ging gar nicht um eine vordergründige Sexualität. Es ging nur um Zärtlichkeit, um Streicheln und Drücken. Und darum, dass er mich auch einmal ganz allein für sich haben wollte, ohne seine allgegenwärtige Mutter und seine eifersüchtig schreiende Schwester.

*

Die Trauerhalle auf dem Friedhof der alten Kreisstadt ist brechend voll. Das Entsetzen über den gewaltsamen Tod des jungen Polizeibeamten hat die ganze Stadt erfasst. Ich stehe in der Sakristei und zitterte. Mir ist kalt. Trotz Hochsommer.

Die Hände sind feucht. Die Angst kriecht langsam in meinen Körper. Auf dem Weg hierher habe ich eine Hundertschaft von uniformierten Beamten passiert. Und jetzt haben sie da draußen vor der Halle Aufstellung genommen. Und ich soll was sagen. Irgendein Wort. Den Mund aufmachen, wo Schweigen vielleicht besser wäre. Zumindest aber einfacher.

Lampenfieber? Nein. Angst, weil ich alles auf eine Karte setzen will. Nein, muss! Ich kann nicht anders. So bin ich.

Meine rechte Hand tastet in der innen lose angenähten Tasche des schwarzen Talars nach dem leeren Luftballon.

Sozusagen der letzte Test, ob ich es überhaupt wagen soll. Wenn er da ist, okay, dann mache ich es. Wenn ich ihn vergessen habe, dann ist das das eindeutige Zeichen von oben, es doch besser sein zu lassen.

Ich achte auf so was. Ich sehe schon die Skandalüberschriften: Verrückter Pfarrer bringt Kinderballon bei Selbstmord-Trauerfeier zum Platzen! Herr Bischof, übernehmen Sie! Was treibt mich da, etwas zu tun, was kein vernünftiger Mensch in dieser Situation tun würde?

Der Anruf kommt vom Bestatter. Der entschuldigt sich gleich. Es gehe um einen Selbstmord. Ein junger Mann. Katholisch. Und auch nicht aus meiner Stadt. Irgendwann aus der Kirche ausgetreten. Aber irgendeiner muss ihn doch beerdigen.

Okay. Wer sind die Angehörigen? Vater, Mutter, Adresse. Ich setze mich in meinen alten Golf und fahre los. Suche die Straße. Ein Mehrfamilienhaus. Scheinbar unwichtige Details. Aber irgendwann können sie wichtig werden, um einen Menschen zu verstehen, um zu ahnen, wer er ist. Wer er war.

Ich klingele. Die Eltern öffnen die Tür. Ich grüße, trete ein. Wir reden kein Wort. Gemeinsam sinken wir drei in die Polster der Sofaecke. Und dann sehe ich die ersten Tränen der Mutter. Und der Vater beginnt zu erzählen. Guter Junge. Aber doch ganz anders als die Eltern. Wollte nicht zum Bund. Geht lieber zur Polizeitruppe. Bundesgrenzschutz. Da weiß man wenigstens, was man all die Monate tut. Und dann das!

»Und dann was?«

Der Vater lässt sich Zeit. Er schaut zu seiner Frau rüber. Nimmt ihre Hand in seine. Drückt sie.

»Was genau, wissen wir auch nicht. Man hat ihn gefunden in der Nähe der Grenze. In seinem Wagen. Erschossen.

Mit der Dienstpistole, nimmt man an. Seine eigene Pistole. Die lag neben ihm.«

Jetzt nicht gleich nach irgendeinem Abschiedsbrief fragen. Wenn es den gibt, wird irgendeiner von den beiden schon darauf zu sprechen kommen. Was jetzt zählt, ist Zeit. Wie immer. Nur diesmal umgekehrt: Zeit haben ist die Basis allen Trostes.

»Kein Brief, kein Hinweis, nichts! Die Polizei hat ihn so gefunden. Kopfschuss. Er muss wohl direkt tot gewesen sein. Von jetzt auf gleich.«

Ich sage nichts. Nur meine Augen halten jetzt den direkten Kontakt. Aber sie fordern nicht. Sie schauen, sie tasten ab. Vor ein paar Minuten habe ich mich auf die Reise gemacht, einen toten, erschossenen jungen Mann kennen zu lernen. Einer, der mir nicht begegnen wird, Auge in Auge, und den ich trotzdem finden will. Ich muss mit ihm reden. So wie man mit einem verstorbenen Vater reden kann, um ihn bei einer wichtigen Entscheidung an seiner Seite zu wissen.

Wie kommt man an die Seite eines Toten? Ich muss ihn finden. Ich muss an eine Seite. Ich will ihn verstehen. Aber das geht eben nur, wenn ich ihn vorher finde. Ich muss ihn fragen, warum er sich mit seinem Revolver von dieser Welt verabschiedet hat. Warum? Warum? Das sind die Fragen, die gleich kommen werden. Das sind die Fragen, die der Schmerz stellt. Und am Ende wollen die Trauernden eine Antwort. Und die soll am besten von Gott selbst kommen.

Tag und Nacht schreien sie dieses große Warum in den Himmel. Und keiner antwortet. Kein Gott antwortet. Und ich? Ich bin nicht Gott. Aber in den Augen der Angehörigen bin ich einer von Gottes Bodenpersonal. Und wenn die was taugen, dann sollen sie wenigstens Auskunft geben. Schreien können die Leute selber! Sie wollen Antworten, die spürbar wahr sind.

Ich muss mir ein Bild machen von dem Jungen und ihn dann fragen. Es kann ja sein, dass er selber keine Antwort hat. Aber dann hat er vielleicht ein Ziel. Totsein als Ziel. Aber das wäre auch eine Antwort. Wahrscheinlich keine schmeichelhafte für seine Angehörigen.

Ich schaue mich in der Wohnung um. Aber da finde ich nichts. Ob er überhaupt hier gewohnt hat? Sie erzählen gar nichts über ihn.

Sie schweigen mehr, als sie sagen. Ist das Schmerz? Sprachlosigkeit? Oder ein Geheimnis? Irgendwann frage ich nach einem Foto. Das ist oft ein weiterer wichtiger Schritt an die Seite eines Verstorbenen. Ich will näher ran. Hier wird eher geblockt.

Die Mutter steht auf und holt ein Foto. Gerahmt. Also wohnt er nicht mehr hier. In welcher Wohnung hängt schon das gerahmte Foto der Bewohner? Ich schaue in das weiche Gesicht eines jungen Mannes. Dunkle Haare. Schweigen.

»Was sollen wir sagen, Herr Pfarrer? Wir wissen ja selbst nichts.«

»Sagen Sie, wo wohnte denn Ihr Sohn?«

»Ach so! Er hatte eine Freundin. Die beiden wohnten zusammen.«

»Und was sagt die? Wo ist die überhaupt?«

»Das wissen wir nicht. Wir kennen die Adresse. Aber ob sie es schon weiß, wissen wir auch nicht.«

»Sie haben wenig Kontakt zu ihr?«

»Könnte man sagen.«

»Und, leben die zwei schon lange zusammen?«

»Geht so. Aber der Junge war vorher viel bei seinem Großvater.«

Das wird nicht einfach für mich. Dann war es auch nicht einfach für ihn. Drei Nester, ein Mensch. Und hier bei seinen Eltern gibt es vorerst wenig über ihn zu holen. Eher das Gefühl der Fremde.

Und so mache ich mich auf, besuche die Freundin, lasse mir von ihr über ihren Freund erzählen. Von seinem Großvater und von und über seine neuen Kameraden. Fahre dann wieder zu den Kameraden und sitze überall und höre zu, bis die Mosaiksteine langsam zueinander finden.

Und dann die letzte Frage: Warum eine Pistole? Schließlich stirbt jeder so, wie er gelebt hat. Was steckt hinter der Wahl seiner Todesart? Mit Gift wäre es leiser gegangen. Wollte er laut aus dem Leben treten? Mit einem Knall? Ein Knall als letztes Signal, dass es einmal ein Leben gab, das seine Angehörigen nicht genug wahrnahmen? Ein Leben, das zwar alles in sich aufnehmen musste, aber nicht recht wusste, wie man alle diese fremden Erfahrungen und Ängste wieder loswerden könnte. Einer, der eine Seele hat wie ein Luftballon. Alles reinlassen und dann der große Knall.

*

Könnte ich auf dem Friedhof einen Luftballon aufblasen und platzen lassen? Die Trauernden wollen doch Antwort auf das große Warum. Die Antwort würde sie erschlagen. Mindestens tief verletzen. Aber ich kann doch jetzt, wo ich ahne, was los war, nicht schweigen? Ich darf doch den Knall seines Lebens nicht totschweigen. Also!?

Ich nehme den Ballon. Ich will bei einem letzten Abschied nicht nur den Trauernden gerecht werden. Auch der Tote hat ein Recht auf Nähe. Ich nehme den Ballon mit.

Aber jetzt droht mir im letzten Augenblick der Mut abhanden zu kommen. Der Küster kommt, ich muss los. Den Ballon versteckt in der Hand. Himmelsvater, steh mir bei!

Keine Orgel!

Still gehe ich mit meiner Gitarre in der Hand nach vorne. Verneige mich vor dem Sarg, dann vor den Eltern. Jede meiner Bewegung werden sie deuten. Es gibt keinen Moment, in dem die Menschen so offen sind für die Zeichen der anderen Wirklichkeit.

Ich singe ein leises Abschiedslied. Es soll ganz still sein nach dem lauten Knall, der in den Trauernden nachhallt. Stille, seinem Echo noch hinterherzulauschen. Was erzählt der Knall der Pistole?

Keine Gebete! Kein frommer Überfall. Einfach anfangen davon zu erzählen, was ich weiß. Irgendwann hole ich wie beiläufig den Ballon aus der Tasche. Ich blase kurz hinein. Ein gefangener Atemzug. Ich erzähle weiter, lasse den jungen Beamten für Augenblicke wieder auferstehen. Ich deute an, wie viel er aufnehmen muss, wie wenig er davon wieder loswird. Dann blase ich wieder in den Ballon. Drei, vier Mal geht das so. Dann ist die Spannung da. Im Ballon, bei den Trauernden, bei mir. Wir halten den Atem an. Und damit sind wir auf einmal an der Seite des Jungen. Wir sind ihm für Augenblicke ganz ähnlich. Ahnen zum ersten Mal vielleicht die Angst vor dem großen Knall seines Lebens.

Außen erzähle ich. Innerlich bete ich.

«Lass ihn nicht platzen, Vater im Himmel! Lass mich die Grenze spüren!«

Nicht weiter aufblasen. Es reicht!

»Ich trauere um einen Mann, der von keinem Mann und von keiner Frau gezeigt bekam, wie man sich wirklich öffnet.«

Langsam entweicht die Luft aus dem Ballon.

»Amen!«

Erkannt werden und Erkennen

Ich will Pastor werden. Seit dem Schlüsselerlebnis mit der Kirschtorte steht mein Berufswunsch fest. Endgültig. Pastor oder Pfarrer, je nachdem, wo man in Deutschland gerade ist und wie die Geistlichkeit heißt. Da ist kein Unterschied.

Ausgerechnet Großvater Eugen ist nicht begeistert von dieser Idee. Er scheint zu ahnen, was auf mich zukommen wird. Er hat wohl einige Pfarrer predigen hören, die er nicht verstand. Wer Theologie studiert, der ist für die ursprüngliche Frömmigkeit verloren, für diese archaische Form der Gläubigkeit, wie sie mir Opa Eugen vorgelebt hat.

Man geht den Weg der Intellektuellen und verliert den Blick fürs Wesentliche. Die Welt verkopft sich. Floskeln und Worthülsen statt Taten. Dogmen gegen die Sorgen des kleinen Mannes. Lourdes ist nichts für Theologen. Es gäbe kein Lourdes und kein einziges gepflegtes Grab, wenn der Kopf das Sagen in Sachen Religion hätte.

In den Kotten, Bauerhöfen und Werkstätten meiner Heimat herrscht seit jeher ein gehöriges Maß an Misstrauen gegenüber »den Studierten«. Bauern brauchen keine Intellektuellen. Die Gelehrten kommen aus der Großstadt und verkomplizieren alles. Am Ende entstehen unübersichtliche Situationen und Probleme, die es vorher nicht gab.

Das Heil kommt doch vom Feld und nicht aus der Stadt. Himmel und Erde, Sonne und Regen und alle Elemente. Sie sind das Leben.

Warum heiße ich eigentlich Jürgen?

»Weil es gerade modern war«, antwortet meine Mutter.

Aber wer kann schon tief genug antworten, warum wer

welchen Namen trägt? Von diesem Geheimnis erzählen nicht nur die Märchen. Denn wenn am Anfang das Wort war und nicht das Ding, dann war am Anfang der Name und dann das Kind. Nichts ist mir in den letzten Jahren klarer geworden als das.

Warum heiße ich Jürgen? Im Lexikon steht, dass es die niederdeutsche Variante von Georg ist. Und Georg wieder aus dem Griechischen kommt und »Bauer, Landmann« heißt. Ich bin also ein Bauer.

Das alte Wissen einfacher Menschen bestimmt daher mein Denken bis heute. Ich besuchte zwar das Gymnasium, studierte auch Theologie, Hebräisch, Griechisch, Latein, Kirchengeschichte, Altes und Neues Testament. Ein Intellektueller aber bin ich nie geworden. Ich komme vom Land. Da ist die Welt einfach. Diesem Elementaren bin ich treu geblieben. Ich suche das Archaische im Modernen und das Moderne im Archaischen. Ich suche die Ordnungen des Lebens. Ich suche das Einfache im Komplizierten.

Manchmal kneife ich die Augen zusammen wie ein Indianer, um endlich den Schatten des Waldes zu sehen, seine Umrisse, sein Profil, auch seine Aura, und nicht nur lauter einzelne Bäume. Ich will mir den Blick für das Ganze bewahren. Weniger für das Halbe. Einer Rose, der man neugierig oder wissenschaftlich alle Blätter und Blütenblätter abrupft, um hinter ihren Duft und ihre Ausstrahlung zu kommen, die verliert ihren Zauber. Doch das ist der Preis, den wir zahlen, seit wir zunehmendes Differenzieren für das Ziel allen Erkennens halten.

Seit Edison kann die ganze Menschheit bei Anbruch der Nacht das Licht anknipsen. Und ihre Angst vergeht. Angst vor der Dunkelheit. Angst vor den nicht zu definierenden Mächten. Elektrizität als technischer Sieg über die magische Phase aller Religionen. Licht, künstliche kleine Sonnen, die Tag und Nacht im Namen der Menschen alles kontrollieren, sind vielleicht der größte emanzipatorische Schritt der Intellektuellen auf dem Weg zur Bannung ihrer Ängste. Aber gebannte Ängste sind nicht aus der Welt. Religion ist das Licht, das in die innere Welt führt und dort Ängste bannen hilft. Das muss eine technikgläubige Welt von Wissenschaft und Intellektualität erst noch lernen.

Ich begreife meine Welt nicht mit dem Kopf. Ich begreife sie mit meinen Händen. Meine Hände haben immer ihre kleinen Handwerkerschwielen. Sie sind Zupacken gewohnt. Die religiöse Geschichte der Menschen kann mit Begriffen auch nichts Rechtes anfangen. Das Leben schon gar nicht. Begriffe gleichen eher einer antiken Weltkarte. Sie funktionieren eine Weile. Aber mit der Wahrheit haben sie nichts zu tun. Ein Begriff ist nie das Leben. Begriffe helfen nicht, wenn man unglücklich ist. Begriffe helfen nicht auf dem Sterbebett. Am Ende eines Lebens stehen immer Bilder und Geschichten, das ist das Einzige, was man begreifen muss.

Doch auch das, worum sich in der Religion alles dreht, Gott, ist zu so einem Begriff abgestorben. Und als Begriff und Wort hilft Gott niemandem. Und so wehren sich die einfachen Menschen unterschwellig auch gegen diese verschulte Religion. Im Bergischen Land spricht man nicht von »Gott«, da redet man vom »lieben Gott«. Da bekommt er sein Herz zurück. Da klingen Erfahrungen an. Da ist Gott gelebte Geschichte. Oder die einzige Essenz aus unzähligen Geschichten.

Und Jesus? Auch er stammt vom Land, nicht aus der Stadt. Er ist Handwerkersohn, mit Schwielen vielleicht, und hat versucht, aus alten Begriffen wieder Geschichten zu machen. Gleichnisse ohne Abstraktion. Das ist seine ewige Kunst. Und das Erste, was er uns wirklich lehrte, war, dass es keinen Gott gibt. Er nannte ihn nicht so. Da war er eben Jude, der dem Namenlosen auch keinen Begriff unterschieben wollte. Jesus nannte die Kraft, deren Macht er spürte und kannte, den Vater im Himmel.

»Unser Vater, der du bist im Himmel!« Da wirkt jüdisches Erbe nach, das Gebot, dass Gott keinen Namen haben darf. Aber da ist vor allen Dingen die Entdeckung des menschlichen Organs, mit dem Menschen die Schöpferkraft überhaupt nur wahrnehmen können: das Herz. Religion ist eine Sache des Gemüts. Der Verstand hat dienende Funktion. Auch das gehört zur Ordnung des Lebens.

*

Heute frage ich mich oft, wie ich trotz meiner Behinderung durch das starre Schulsystem geschlüpft bin. Das Glück spielt mit Sicherheit eine entscheidende Rolle. Nicht irgendein Glück. Das Glück, immer Menschen zu finden, die an mich glauben.

Zum Beispiel Pfarrer Ginks, der uns Religionsunterricht gibt. In Religion und Musik bin ich gut. Ich liebe seinen kräftigen Gesang. Und er weiß wohl von meinem Traumberuf. Nach der Stunde ruft er mich noch für einen Augenblick zu sich. Wir gehen durch den langen, dunklen Schulflur. Er legt den rechten Arm um meine Schultern. Links trägt er seine dünne Aktentasche. Er neigt den Kopf zu mir, als wenn es etwas Heimliches oder Geheimnisvolles zu bereden gäbe.

»Ich weiß, dass du Pfarrer werden willst. Halte an deinem Ziel fest. Auch wenn du sitzen bleibst.«

Das sind seine Worte. Die Worte, mit denen er sich verabschiedet.

Drei Wochen später ist er tot. Krebs. Und ich habe seine Worte quasi als Vermächtnis genommen. Er war einer von denen, die mich segneten, wo es der eigene Vater nicht konnte. Einer von denen, die mich erkannten, wo der Vater nichts zu sehen schien.

Ein anderer Mensch an meiner Seite ist mein Deutschlehrer. Oberstudienrat. Wie ein Lotse manövriert er mich durch die letzten drei, vier Schuljahre. Als mein Klassenlehrer hat er mit seinen Kollegen regelrecht gekungelt. Später erzählt er mir, wie er es gemacht hat.

»Passen Sie auf, Herr Kollege: Wenn Sie dem Fliege in Mathematik eine Vier geben, revanchiere ich mich bei einem Ihrer hilfsbedürftigen Schüler.«

Das hat tatsächlich geklappt und uns zu stillen Freunden werden lassen.

Und dennoch: Die Schuljahre sind mir bis heute als Galeerenjahre in Erinnerung. Zwanzig Jahre lang habe ich vom nicht bestandenen Abitur geträumt.

Anerkannt war ich nur als Klassensprecher. Schulsprecher am Ende. Ich war ein Fürsprecher, Anwalt, Tröster der Mitschüler, wo es mir selber doch dreckig ging. Da taucht das Modell vom »Menschenflüsterer« zum ersten Mal deutlich auf. Senfkornklein.

*

Dharma, mein Engel! Oder bist du mein Prophet? Einer, der meine Zukunft kannte und sie mir andeutete. Oder bist du mein Guru, mein Lehrer und ich war dein Schüler? Wer hat uns zusammengeführt? Du schicktest mich in tausend Kämpfe. Und dabei gab es nur einen Gegner: Mich! Mich selbst! Von dir will ich erzählen. Denn einen Menschen lieben heißt, ihn zu loben. Und Lob ist die selbstverständlichste und natürlichste Form, danke zu sagen. Du warst der fremdeste meiner Lehrer. Und der letzte.

Am Anfang, da war der Großvater, der mir gegen meinen Vater beistand. Gegen die Institution der Familie. Da waren die einzelnen Lehrer und Pfarrer, die mir gegen die Institution Schule beistanden. Da waren die Frauen, ausgerechnet Frauen, in deren Schoß ich einen allzu schweren Kopf voller Theologie legen konnte. So gesehen alles Engel mit Händen, Füßen, menschlicher Wärme und Worten.

Und dann kommt Dharma. Er sieht in mir etwas, was ich nicht sehe. Er prophezeit mir Jahre vor meiner Fernseharbeit, dass ich da landen werde. Und er sagte mir auch etwas über den Weg. »Es wird zuerst ein Fernseh-Schreibtisch sein.« Und so war es.

Zum Abschied schenkt mir der schmächtige Mann mit der Halbglatze »The Prophet«! Eines von seinen drei Büchern. Mehr hat er nicht. Ein bekannter englischer Theaterregisseur mit nur drei Büchern! Sonst nichts! Gut, das ist sonderbar. Aber da ahne ich noch nichts. Ich bin nur froh, dass ich das Abenteuer Dharma nach drei, vier Tagen hinter mich gebracht habe. Der Mann ist mir zu intensiv. Und schwul.

Dabei habe ich es zuerst gar nicht gemerkt, dass er schwul ist. Er ist einfach freundlich zu mir. Mehr nicht. Aber als es mir klar wird, fürchte ich mich Monate lang davor. Wenn er mich anstrahlt. Nur ein Gedanke. Achtung! Misstrauen! Er will nur das eine! Und als Monate später das Badezimmer im Pfarrhaus nicht abgeschlossen ist und ich aus Versehen hineinstürze und ihn nackt sehe. Panik bei mir. Freude bei ihm! Klaro! Ziel erreicht!? Wie werde ich den Kerl wieder los?

Angefangen hat alles in England. Auf der Flucht sozusagen. Ich war auf der Flucht. Oder war alles anders und er hat auf mich gewartet? Wusste er instinktiv, dass ich komme? Oft scheint es mir so. Die physikalischen Gesetze des Magnetismus gelten nicht nur für Eisen.

Ich will vor mir damals davonlaufen. Liebeskummer. Und ich will eine Therapieausbildung machen. Das ist Mode in den Siebzigern. Schnellkursus vom Kranken zum Heiler.

Da steht in dem merkwürdigen Tagungszentrum voller orange gekleideter Leute ein Mann in Weiß. Okay, er arbeitet vermutlich in der Küche. Aber sofort wird klar, das Weiß ist sein Strahlen. Und das liegt nicht nur an der Kleidung. Der Mann strahlt. Und er strahlt mich an. Ich lächle zurück. Er kommt auf mich zu. Und er lächelt, als ich ihm erzähle, dass ich hierhergekommen bin, um zukünftig weniger dominant sein zu wollen. »Go home, it's your Charisma! It's not a desease. Du bist nicht krank.«

Hat er Recht? Ich fühle mich auch nicht krank. Mir ist nur die letzte Freundin abgehauen. Wie schon einige vor ihr. Immer nach dem gleichen Strickmuster. Ich spielte den Bestimmer. Ein Softie, der sich als letzter Macho entpuppt. Nur sie spielte dieses Spiel nicht mit.

Dem Mann muss geholfen werden. Und so sehe ich wohl auch aus.

Dharmas Zimmer hat gerade sechs Quadratmeter. Da lebt er. Ein Mann um die vierzig. Seine erste Karriere schon hinter sich. Ein langjähriger Freund von Alan Bates. Theatermann auch er. Zuerst Shakespeare, dann experimentelles Theater. Dann die Reise zu sich selbst. In den siebziger Jahren bedeutet das: eine Pilgerreise zu den Gurus in Indien zu machen.

Bagwan, Poona. Da hat er als einer der ersten Europäer seinen Sannyasin-Namen bekommen. Aus dem Iren Stephan Dartnell wurde Dharma. Und er ist einer der Ersten, die das spirituelle Zentrum humanistischer Psychologie und Religion wieder verlassen.

»Triffst du Buddha oder irgendeine andere Autorität auf deinem Lebensweg, bring sie um!«, lehrt er mich nach einem alten buddhistischen Lehrsatz.

Da sitzt er nun mit gerade drei, vier Büchern, einem geschliffenen Glaspokal, spärlichen Klamotten. Mehr nicht! Wirklich nicht! Einer, der Jesus wörtlich nimmt: keine Schätze auf Erden. Aber sicher in seinem Herzen, Vorhof des Himmels. Der Fremde fasziniert mich. Der hat weniger als ein Mönch. Er hat keinen, der für ihn bürgt. Er ist wie ein Vogel unter dem Himmel. Er verlässt sich darauf, dass das Leben schon für ihn sorgt. Versicherungen hat er keine. Und ausgerechnet der interessiert sich für mich.

Aber ich fürchte mich auch vor ihm. Zu viel Nähe. Der Mann hat Ausstrahlung. Er könnte Macht über mich bekommen. Ich lasse mich nur halbherzig auf ihn ein. Ich sitze ein paar Stunden in seinem Zimmer. Höre von merkwürdigen Drogentrancen und japanischem NÔ-Theater. Ich habe keine Ahnung. Ich komme aus dem Bergischen Land, habe elf Semester Theologie studiert. Zwei, drei Jahre Praxis habe ich auch schon. Aber keine Ahnung, dass es tatsächlich eine Welt zwischen den Welten gibt. Eine andere Wirklichkeit, die Wirklichkeit des Herzens und des Mutes.

Als ich fahre, schenkt er mir sein liebstes Buch und den Glaspokal. Da hat er in der Tat nichts mehr. Typisch Schwuler, denke ich. Seidentücher! Ablehnung herrscht vor. Doch ich kann die Geschenke nicht zurückweisen. Das verletzt. Ich lade ihn stattdessen höflich ein, einmal bei Gelegenheit nach Deutschland zu kommen. Ich ahne nicht, dass er drei

Tage später vor der Pfarrhaustür stehen wird! Der Mann glaubt meinen Worten!

Drei Tage und knapp eintausend Kilometer westlich klingelt es an meiner Pfarrhaustür. Dharma! Hilfe! Ein Rucksack und ein paar Worte: »I am here to support you!«

Ach du mein lieber Vater im Himmel! Ich verfluche meine Höflichkeit. Wie lang wird er bleiben? Was sagen die Leute im Dorf dazu, dass ein Schwuler jetzt im Pfarrhaus wohnt? Was soll ich bloß machen?

»Okay, come in!«

Er bleibt neun Monate und wird der spirituelle Lehrer meines Lebens.

Sonntagmorgen, die Glocken rufen zum Gottesdienst. Ich stehe in der Sakristei, schaue neugierig durch das Fenster, wie viel Leute denn wohl heute in die Kirche kommen.

Eine leere Kirche kann man nicht gut für voll nehmen. Wahrscheinlich werden es so an die siebzig sein. Nicht schlecht. Aber auch nicht gut. Zweihundert wären gut, da wäre die Kirche voll. Ich ziehe den schwarzen Talar über. Wie viele Knöpfe hat das gute Stück überhaupt? Am besten immer von unten anfangen. Da kann man den letzten Knopf und das letzte Loch sehen. Wer oben auf Verdacht anfängt zu knöpfen, verknöpft sich früher oder später.

Der Küster schlüpft an mir vorbei, um gleich die Glocken auszustellen. Ich nehme die Bibel, Gesangbuch und Predigtmanuskript. Wie immer schlägt das Herz ein bisschen schneller. Das verrückteste Theater der Welt wartet auf einen Hauptdarsteller. Mich! Einer, der von Gott erzählen soll. Dabei habe auch ich ihn nie gesehen. Immer nur geahnt. Verrückte Nummer!

Da kommt Dharma. Was sucht der noch hier in der Sakristei?

»What is your sermon today?«

Der Küster schaut neugierig zu uns rüber.

Er will wissen, was ich predigen werde.

Doch jetzt nicht mehr! Es ist zwei Minuten vor zehn. Der Countdown läuft längst.

Er lässt sich nicht abwimmeln.

Okay. Ich fingere nach dem Manuskript. Blättere.

»Ich werde über die Liebe Jesu ... und dass er ... Also ich will ...«, stottere ich rum.

»Bullshit!«, sagt er und nimmt mir die Zettel aus der Hand. Nein, er reißt sie mir weg. »Geh und rede mit den Leuten von Herz zu Herz. Mehr hat keiner mitgebracht. Mehr brauchst du auch nicht.«

Er dreht sich auf dem Absatz um, nimmt mein Manuskript mit und ist weg.

Panik bei mir. Noch eine Minute. Nein, keine mehr. Ich muss raus und habe keine Predigt. Verdammt komischer Vogel! Was soll ich tun?

Als ich die Kirche betrete, sehe ich, wie er sich freundlich lächelnd in eine der mittleren Reihen schiebt und Platz nimmt.

Nein, er kniet! Was soll das? In evangelischen Kirchen kniet man doch nicht!

Und ich? Ich lächele. Mache gute Miene zum komischen Spiel.

Da setzt die Orgel auch schon ein. Es geht los. Es gibt kein Zurück. Soll ich sagen: Liebe Gemeinde, ein Pfarrer ist auch nur ein Mensch. Eben, als ich in der Sakristei nach meiner Predigt geschaut habe, habe ich sie nicht gefunden. Oder soll ich während der Liturgie rauslaufen, in die Sakristei zurück wie einer meiner älteren Kollegen, der sich beim Halleluja der Gemeinde ein wenig Weingeist genehmigte? Dort könnte ich nach einer alten Predigt suchen.

Geht nicht. Es geht nicht. Es geht nicht rückwärts. Ich muss vorwärts.

Lieder, Gesänge. Gebete. Alles ohne Zettel. Geht noch ganz gut. Beim Beten die Augen zu. Und ich spüre, wie meine Gebete tiefer werden. Ich habe ja auch allen Grund, selbst um Hilfe zu rufen. Meine Angst zu versagen beflügelt die Worte. Je tiefer man selber fühlt, desto höher fliegen die Gebete. Scheint so.

Und dann auf die Kanzel. Mit nichts! Irrtum: Mit Angst, mit vollen Hosen statt vollem Herzen.

Ins kalte Wasser geworfen. Und siehe, ich schwimme. Ich kann übers Wasser gehen. Es kommen vernünftige Worte aus meinem Mund. Ich überlege zum ersten Mal, was ich hier und jetzt wirklich sagen will. Ich plappere keinem Professor mehr nach. Ich rede meine eigene Sprache. Und es geht. Ich kann aufsehen. Ich sehe die Menschen in den Bänken. Sie sehen mich. Wir schauen uns an. Es steht nichts mehr zwischen uns. Ich rede frei. Reden ohne die Autorität der weißen Blätter.

Ein Durchbruch. Einer von vielen.

Dharma. Er geht mit mir an jede Grenze, die mir meine Ängste diktierten. Ich überschreite sie. Auf sein Wort hin. Er wird selbst zur Autorität. Ich entdecke mich dabei, dass ich meine Freundin an ihm vorbei ins Pfarrhaus schmuggele. Peinlich. Wie bei meinen Eltern. Und das mit dreißig! Und Dharma merkt es doch. Noch peinlicher! Habe ich ihn jetzt verletzt, wo klar ist, dass ich auf Frauen stehe? Wird er jetzt abreisen, weil er seine Hoffnungen begraben kann? Macht er sich überhaupt welche?

Dharma, der mir die Religion des Herzens zeigte. Nach neun Monaten scheint die Zeit gekommen zu sein, dass er geht. Er hat mich Tag und Nacht gefordert.

»Du lügst!«, sagt er, wenn ich lüge.

»Du liebst«, sagt er, wenn ich liebe.

Ist es zufällig Ostern? Er sagt es am Abend in der Küche. Morgen wird er gehen. Früh müssen wir auf. Er will die erste Fähre von Ostende nach Dover nehmen. Ich bringe ihn mit dem Wagen hin. Schweigend fahren wir die drei Stunden. Ich bin tieftraurig. Ich spüre die Tränen auf meinen Wangen. Still suchen sie sich ihren Weg. Ich schniefe. Da legt er seine Hand auf mein rechtes Knie. Und ich habe keine Angst mehr, dass er nur das eine will.

Wohin wird er gehen? Er hat es nicht gesagt. Aber einen Job hat er auch nicht. Er hat nur den Rucksack aus dem Schrank genommen. Mehr nicht. Geld will er nicht. Warum sagt er nichts über sich? Wo wird er wohnen? Ich habe ja nicht einmal eine Adresse!

Er umarmt mich. Ich weine und weine und spüre, dass ich ihn vielleicht nie wieder sehen werde. Als sich die große Fähre von den schweren Eichenbohlen löst, geht genau in diesem Augenblick die Sonne auf. Oben an der Reling, Dharma, mein Meister.

»Don't argue, listen«, hat er gesagt, wenn ich mich und andere im altachtundsechziger Jargon zu Tode diskutieren wollte. »Höre! Lerne! Sei wach! Sei leise, wenn du hören willst! In die Tiefe eines Menschen kann man nicht schauen. Da kann man nur hören.« Dharma, der Rabbi ohne Judentum, der englische Meister der deutschen Mystik verschwindet übers Wasser. Ich dreh mich um. Und ich spüre die Schmerzen an den Kiefergelenken. Weinen, weinen, weinen!

Da weint ein Mann am Hafen. Nichts Ungewöhnliches für einen Hafen. Da weint ein Mann um einen Mann, das ist schon verdächtig. Da weint ein Schüler um den Verlust seines Lehrers. Na, wenn es denn hilft!

Es hilft. Das ist eine der vielen Lektionen. Der Vater des Himmels und aller Erden hat seinen Menschen die Tränendrüsen mitten ins Gesicht gepflanzt. Ja, wusste der denn all die Millionen Jahre nicht, was er da machte? Warum positionierte er die Schweißdrüsen unsichtbar unter den Armen, aber die Tränendrüsen mitten im Gesicht? Schwache Leistung!

Oder genial? Genial, weil Tränen kein Überdruckventil sind, sondern Kommunikation. Sie erzählen von der Trauer und der Freude eines Menschen. Sie erzählen von der Seele eines Menschen. Und sie wollen gesehen werden. Sie müssen gesehen werden. Wer sie aus falscher Scham versteckt, verrät an einem wichtigen Punkt sein Menschsein. Und den, der sich bei der Erschaffung aller Menschen etwas dachte.

*

Dharma. Jahre ist er wie vom Erdboden verschluckt. Er hat keine Adresse. Lebte wohl, wie ich später herausfinde, bei seinem italienischen Freund.

Als ich Jahre später nach London fahre, ihn zu suchen, öffnet mir der Freund die Tür und sagt, dass Dharma Theater in Südamerika mache. Ich gehe die schmale Stiege hinunter zurück auf die Londoner Straße. Arme Gegend hier. Flohmarkt. Edelsteine neben Kitsch.

Zurück nach Deutschland. Es war ein Schlag ins Wasser. Meine Frau und ich machen dann noch einen zweiten Anlauf. Wieder nichts. Dharma wird für sie zu einem Phantom. Wir suchen weiter.

Irgendwann ein Anruf.

»Jörgen?«

Das gerollte »r«, das »ü«, das bei ihm etwas von einem »ö« hat.

Dharma ist am Telefon. Es gibt ihn wirklich. Er lebt. Sofort Tränen bei mir. Erlösung nach vielen Jahren. Ich bin einmal mehr nicht allein. Und wir erzählen. In der Zwischenzeit habe ich geheiratet, bin Vater von zwei Töchtern. Und im Überschwang meines Glücks bitte ich ihn nach den ersten Minuten am Telefon, doch die Patenschaft für meine zweite Tochter zu übernehmen.

»Ostern wird sie getauft! Und du musst kommen.«

Und weil ich ahne, dass er seit unserer gemeinsamen Zeit sicher keine Schätze gesammelt hat, schicke ich ihm ein Flugticket. London-Düsseldorf-London.

»God bless you, Jörgen!«

In der Ankunftshalle kommt uns mein Dharma entgegen. Kein Koffer, kein Rucksack, keine große Tasche. Nur er. Etwas schmaler. Über den Schulter hängt ein Bündel. Weniger als sieben Sachen. In seinen Armen hält er zwei riesige Ostereier aus Schokolade.

»Gifts for the girls!«

Er wird nicht lange bleiben. Ostern, das Fest, die Taufe. Uns gegenseitig daran erinnern, dass wir Menschen alle aus dem Wasser kommen und durchs Wasser zurückkehren. Tod und Auferstehung.

Ein Foto, auf dem er meine Tochter hält, suche ich bis heute vergeblich. Und als er nach drei Tagen wieder fährt, sind meine Augen gehalten. Das ist so ein biblischer Ausdruck dafür, dass man die wichtigen Dinge nicht mitbekommt.

Engel erkennt man nicht. So wie ich ihn am Anfang unserer Freundschaft nicht als Engel erkannt habe. Aber auch jetzt sehe ich nicht, dass der Tod längst seinen Namen aufgerufen hat.

Gut, er sah nicht so gesund aus wie früher. Aber ich machte mir keine großen Gedanken deshalb.

Monate später geht das Telefon. Ein unbekannter Mann teilt mir auf Englisch mit, dass er die Aufgabe übernommen habe, mich zu informieren, dass Stephan Dartnell an AIDS verstorben und irgendwo in Glasgow bestattet worden sei.

Mein Dharma. Ich werde ihn wieder sehen.

Gegen den Strom

Ich bin zur Musterung geladen und gebe an, den Wehrdienst verweigern zu wollen. Das ist meine erste offene Rebellion. Ich will kein Soldat werden, diese Art des Kämpfens ist nicht mein Ding. Mein Vater, meine Familie und die ganze Verwandtschaft können das nicht verstehen. Wenn Vater Staat ruft, dann hat man zu gehorchen. Den Dienst an der Waffe zu verweigern ist vor über drei Jahrzehnten noch eine absolute Seltenheit. Insbesondere auf dem Land, in Radevormwald. Kriegsdienstverweigerer sind Drückeberger, Weichlinge, Angsthasen. Nur eine kleine Minderheit wagt diesen Schritt und ist bereit, für ihre Überzeugung einzutreten.

Zum ersten Mal muss ich entscheiden, ob ich auf die Welt gekommen bin, um nach den Erwartungen anderer Leute zu leben oder eigene zu entwickeln.

Krieg, da habe ich schon meine Vorstellung. Schon als kleiner Junge. Krieg, das ist für mich die Geschichte meines Onkels, des Bruders meiner Mutter. Er war Soldat im Zweiten Weltkrieg und spät aus der Gefangenschaft nach Hause zurückgekehrt. Verwundet. Jeden Winter, wenn sein Kriegsleiden ihn über Wochen aufs Bett wirft, frage ich ihn am Krankenbett aus.

»Erzähl mir vom Krieg. Erzähl mir von der Gefangenschaft. Muss ich auch in den Krieg, wenn ich groß bin?«

Dann erzählt er. Er erzählt, wie er eingezogen wurde, wie er Angst gehabt hat, fürchterliche Angst, und wie er gefangen genommen wurde. Doch am stärksten sind mir die »Pferdeäpfel« in Erinnerung geblieben. Irgendwann sagt er so dahin: »Uns ging es so schlecht, wir hatten solchen Hunger, dass wir Pferdeäpfel gegessen haben.«

Da wird mir schlecht. Furchtbar schlecht. Der Krieg hat mich erreicht. Ich könnte spucken bei dem Gedanken, Pferdeäpfel essen zu müssen. All die Toten, all das Grauen, all das trifft mich nicht so wie dieses Beispiel. Das Soldatenleben ist für mich seitdem alles andere als ein Heldentum.

Nun also die Verweigerung. Obwohl es nicht nötig gewesen wäre. Ich will ja Theologie studieren und angehende Pastoren werden unverzüglich vom Wehr- und Zivildienst freigestellt. Das aber habe ich schlicht und ergreifend verheimlicht. Ich finde es unfair, dass die Leute, die sich auf ein geistliches Amt vorbereiten, automatisch ausgemustert werden.

Ich sage gar nichts und werde für tauglich befunden.

Vor dem ersten Verweigerungsausschuss gebe ich dann meine Gründe an, warum ich nicht zum Bund will. Ich bin glänzend vorbereitet und finde auf jede Frage die passende Antwort. Ich gehe grinsend und als klarer Sieger aus dem Saal. Zumindest bin ich überzeugt davon. Doch dann bekomme ich einen Satz zu hören, der mir später noch oft begegnet: »Sie sind arrogant.«

Die Kommission lehnt meinen Antrag ab. Die Mitglieder gestehen mir zwar zu, eindrucksvoll argumentiert zu haben, aber halt nicht in ihrem Sinne. Sie können nicht verstehen, dass da einer auch mal lacht, wenn er seine Position vertritt. Als Auslachen verstehen sie es. Natürlich sagen sie mir das nicht so. Aber ich kann es ihnen ansehen. Jedenfalls erfahre ich in an diesem Tag das erste Mal, dass kluge Reden allein nichts bringen. Sie verpuffen wirkungslos. Nicht immer, aber doch in schöner Regelmäßigkeit.

Es folgen weitere Verhandlungsrunden. Mein Fall ist also noch nicht endgültig verloren. Da bietet mir ausgerechnet mein Vater an, dass mir der Syndikus seiner Firma beistehen soll. Ein in Steuerangelegenheiten sehr bewanderter Anwalt, der vom Wehrdienstverweigerungsrecht allerdings keine Ahnung hat.

Warum plötzlich dieses Hilfsangebot? Mein Vater lehnt meine Verweigerung doch strikt ab? Ist es seine Art, mir seine Liebe zu zeigen? Ich habe zuvor nur ein einziges Mal eine Ahnung davon bekommen, dass er mich im Grunde seines Herzens liebt. Nur kommt es nicht und nie über seine Lippen.

Als Zehnjähriger hat er mich zu Geschäftsfreunden für sechs Wochen nach Finnland geschickt. Und als ich in Helsinki landete, weigerte ich mich, das nach Hause zu melden. Originalton Jürgen: »Das ist nicht nötig. Zu Hause interessiert sich sowieso niemand für mich.«

Verblüfft erzählten mir die finnischen Gastgeber, dass mein Vater soeben angerufen hätte, um sich nach mir zu erkundigen. Hinter der strengen Fassade meines Vaters schlug wohl doch ein Herz. Auch für mich. Aber dann war wieder Jahre Sendepause. Wenigstens merkte ich nichts. Erst jetzt wieder, wo er mir seinen Anwalt anbietet.

Am liebsten würde ich seinen Verteidiger ablehnen. Aus Trotz, vielleicht auch nur, um ihm zu zeigen, dass ich seine Hilfe nicht brauche. Aber Hilfe kann nicht schaden. Denn zum Bund will ich unter keinen Umständen. Ich will einen anderen Weg gehen als mein Vater. Keinen Weg des Kampfes und der Dominanz, sondern einen des Aushaltens und Tröstens.

Also fahre ich zu seinem Syndikus, um mich und meinen Fall vorzustellen – und werde bitter enttäuscht. Ich sitze einem alten Mann mit schlohweißem Haar und Hornbrille gegenüber, der sich für mich eigentlich gar nicht interessierte. Ich will gerade anfangen, ihm meine Verweigerungsgründe aufzuzählen. Pazifismus als Chance für eine neue Weltordnung. Da winkt er nur ab und sagt, dass er das gar nicht so genau wissen müsse.

Bei der alles entscheidenden Verhandlung komme ich gerade noch dazu, meine Personalien anzugeben. Dann betritt der alte Syndikus die Bühne. Da steht er auf und brüllt in den Saal hinein, dass er diese ganze Veranstaltung nicht verstehe und es unwürdig und stillos sei, dass es so etwas in Deutschland überhaupt gebe. Dabei zieht er seine Kriegsorden aus der Tasche und schleudert sie mit einer theatralischen Geste zu Boden.

»Hier sind meine Orden!«, schreit er, »ich will sie nicht mehr haben! Wenn ich könnte, würde ich genau wie dieser junge Mann den Wehrdienst verweigern.«

Sagt es und verlässt ohne ein weiteres Wort den Saal ...

Nach diesem Auftritt herrscht eine sonderbare Stille im Raum. Ich werde kurzerhand auf den Gang hinausgeschickt. Fassungslos bin ich und entsetzt über den alten Syndikus meines Vaters. Alles hat er falsch gemacht. Nun muss ich zum Bund und mein Vater ist schuld ...

Dann wird das Urteil gesprochen. Zehn Minuten später bin ich ein anerkannter Wehrdienstverweigerer. Ich verstehe die Welt nicht mehr.

Offenbar zählen Argumente nicht. Man muss Aufmerksamkeit erregen, um Erfolg zu haben. Dem Alten ist das offensichtlich gelungen. Seine Show kam an. Jedenfalls gibt ihm das Ergebnis Recht.

*

Ich bin Pietist. So nennt man die Sorte fundamentalistischer Protestanten, die auf Päpste und Synoden wenig geben. Um über Gott etwas Plausibles zu sagen, muss man ihn erlebt haben. Anders geht es nicht. Eigene Erfahrung wird zur Grundlage von religiösem Selbstbewusstsein. Der Ansatz ist modern. Dem Pietismus sei Dank. Das Einzige, was mich aber seit Kindesbeinen an ihm stört, ist seine Gnadenlosigkeit. Sie rechnen gerne ab. Das habe ich früh erfahren.

Mit 14, 15 Jahren verfasste ich als engagiertes CVJM-Mitglied ein großes Memorandum, in dem stand, dass unbedingt auch Mädchen aufgenommen werden sollten. Denn dass mit unserer Form des Christentums etwas grundsätzlich nicht stimmen konnte, das ahnte ich ziemlich bald. Frömmigkeit ohne Sexualität konnte schon damals in meinen Augen einfach nicht funktionieren. Das eine führt zum anderen. Sexualität will am Ende doch ein ekstatisches Erlebnis sein. Grenzenlos! Eine Erfahrung, dass das Ich, das Ego, dahinschmilzt zu Gunsten des Wir. Mann und Frau – ein »Fleisch«!

Und die Spiritualität ist doch auch nichts anderes als die Überwindung der engen Grenzen des eigenen Ego. Das Ganze, das All, das Grenzenlose, das Ewige will erlebt werden. Ekstase ist angesagt. Auch da. Die rigorose Trennung der Geschlechter erschien mir eben damals schon weltfremd, lebensfremd, himmelsfremd.

Natürlich kam mein Aufbegehren damals bei der Leitung des CVJM gar nicht gut an und ich schlitterte an einem Rauswurf nur knapp vorbei.

Merkwürdig: Bei mir ist die Ahnung, dass etwas nicht stimmen könnte, oft meilenweit vor der Analyse da. Ich wittere oder ahne oder spüre vielmehr Situationen. Schneller und mehr, als ich beschreiben oder analysieren könnte, was genau irgendwo falsch läuft.

Witterung aufnehmen, wenn ein ganzes Dorf, ein ganzer Verein, eine ganze Familie oder auch nur einzelne Menschen nach falschen Parolen leben. Und dann nach einer gewissen Zeit des Abwartens und Beobachtens antreten und gar nicht anders können, als meine Wahrheit zu sagen. Ich kann gar nicht anders. Das stieß damals schon auf erhebliche Schwierigkeiten und stößt es auch noch heute.

Wenn ich in der Zeitschrift Penthouse Rede und Antwort stehen soll zu Fragen von Sexualität, Perversion und Sünde, dann sind meine Antworten im Grunde nicht anders als die des 14-jährigen im CVJM zu Radevormwald. Sexualität und Spiritualität sind Schwestern. Wer die eine zu Gunsten der anderen leugnet, geht, Mönchlein, Mönchlein, einen schweren Gang.

Der Segen des Himmelsvaters liegt nicht darauf.

Solche Sachen wie das Penthouse-Interview regt die Kirchenleitungen auf. Man denkt wieder einmal an Rausschmiss. Zum wievielten Mal eigentlich in den letzten dreißig Jahren?

Das regt aber diesmal auch manchen leitenden ARD-Mitarbeiter auf. Und die denken dasselbe. Zum ersten Mal.

Dabei sage ich doch nur das, was seit Jahrtausenden in unserer Bibel steht.

Als ich im »Revolutionsjahr« 1968 mein Studium aufnehme, wird mein Widerspruchsgeist sogleich aufs Neue geweckt.

Ich trage einen Lodenmantel, den ich für dreißig Mark irgendwo auf dem Trödel gekauft habe, und meine Haare sind lang und ziemlich verfilzt. Auch das Äußere ist Ausdruck meines Protestes. Anders sein als andere, nur nicht mit der Masse schwimmen. Ein bisschen Johannes der Täufer. Der mit dem Kamelhaarmantel. Ein Rufer in der Wüste.

Schon am ersten Tag falle ich aus der Reihe, als alle Erstsemester aufstehen und einen akademischen Eid sprechen müssen. Alle sollen dabei geloben, sich wie Theologiestudenten zu verhalten. Da ich aber gerade erst zu studieren angefangen habe, kann ich doch noch nicht wissen, wie man sich da verhält! Also bleibe ich sitzen, während sich alle anderen wie gewünscht erheben. Pause. Stille. Räuspern.

Die Zeremonie wird nach wenigen Augenblicken noch einmal wiederholt, vielleicht hat der Kommilitone Fliege in der ersten Reihe den Ernst der Situation noch nicht begriffen. Doch ich bleibe sitzen. Böse Blicke. Hüsteln.

Es werden alle vereidigt, außer mir. Ich bleibe sitzen und schweige vor mich hin.

Nach der Veranstaltung wird mir ausgerichtet, dass der Rektor der Hochschule mich zu sprechen wünscht.

»Warum sind Sie sitzen geblieben?«, fragt er.

»Weil ich den Unterschied zwischen einem Geologie- und einem Theologiestudenten in punkto Benehmen, in punkto Ethik nicht kenne«, antworte ich.

Und da er mir den Unterschied auch nicht erklären kann, bekomme ich einen Professor an die Hand, der mir eintrichtern soll, wie man sich als Theologiestudent verhält. Dieser altbewährte Kirchengeschichtler, bei dem ich an mehreren Mittwochnachmittagen antanzen muss, erzählt mir dann mit übereinander geschlagenen Beinen und Pfeife rauchend irgendwelche gut gemeinten Geschichtchen, die aber ebenfalls nichts erklären. Die alles entscheidende Frage jedenfalls bleibt unbeantwortet.

Wieder einmal war ich davon überzeugt, dass ein Märchen Wirklichkeit wurde, in dem der Kaiser gar keine Kleider anhatte. Hohle Worte, leere Versprechungen, Muff von tausend Jahren unter den Talaren. Wieder opponierte ich gegen hohle Phrasen und blieb deshalb sitzen.

*

Ich weiß nicht, ob ich wirklich mutig bin. Ich weiß nur, dass ich oft Angst habe und der Angst nicht nachgebe. Ich kann es gar nicht. Als wenn Nachgeben bedeuten würde, vor meinem längst verstorbenen Vater noch einmal in die Knie gehen zu müssen. Immer noch. Mit über fünfzig. Ein frühkindlicher Schaden, für den manche Autorität, die mir begegnet, noch herhalten muss.

Aber ich weiß auch, dass es ohne Mut nicht geht. Ich weiß, dass jeder Mensch, der andere Menschen »taufen« will, dass jeder »Täufer« nass wird. Er muss da sein, wenn die Menschen wieder in den Fluss des Lebens steigen wollen, wenn sie Angst haben, dass sie beim notwendigen Untergehen nicht wieder auftauchen könnten. Er muss da sein. Er wartet oft schon im Fluss. Er kennt die Topografie des Lebens an manchen Stellen aus eigener Erfahrung. Er steigt wie eine Mutter selbst in die Dunkelheit, um das Kind zu locken. Aber er schließt nicht mehr die Augen vor lauter Angst, um sich unbewusst tragen zu lassen. Er bleibt wach. Er ist eben ein Menschenflüsterer, der einen anderen Menschen leise in den Fluss locken kann. Da gehört Mut dazu, einzutauchen in die Angst. Und das Wissen, dass jenseits der Angst alles gut wird.

Also, war das mutig, als junger Pastor mit einer auseinander genommenen Druckmaschine illegal durch die DDR nach Polen zu reisen, um sie dort einem Pfarrer aus der DDR zu bringen? Das war kein Mut. Da muss man unterscheiden. Das war Leichtsinn. Der hätte mir um ein Haar ein paar Jahre Gefängnis eingebracht. Und das mit weiteren fünf minderjährigen Jugendlichen quasi im Gepäck.

Die Organe der DDR sind nur noch wenige Fingerlängen von den im Campingbus versteckten Druckwalzen entfernt.

Und die anderen im Gepäck versteckten Teile des illegalen Druckers liegen schon auf dem Tisch vor dem Röntgengerät. Ich sehe mich schon umstellt und abgeführt. Da, plötzlich, wird die Kontrolle abgebrochen. Weil ich gebetet habe? Weil ich die Hosen voll habe und den sadistischen Grenzern das als Augenweide genügt? Ich weiß es nicht. Glück, Zufall, Schicksal? Der liebe Gott benutzt seit alters so manches Pseudonym.

*

Was bedeutet Mut beim leisen Locken und Begleiten von Menschen? Hängt das allein vom Einsatz ab? Auch. No risk, no life! Wer Angst hat, durch den dunklen Tunnel zu gehen, wird die Sonne nicht sehen. Aber der Mut der Menschenflüsterer ist nicht nur eine Frage des Einsatzes. Es ist in erster Linie eine Frage, ob sie auf »Bewaffnung« verzichten können. Und wenn das beim Umgang mit Pferden der Verzicht auf Peitschen, Sporen, Trensen, Seile und was auch immer sein kann, dann ist es bei den Menschen die Bereitschaft, jede Form von Distanz beiseite zu legen. Die Bereitschaft zur eigenen Schutzlosigkeit ist der Anfang des Mutes. Sie ist der Boden, die Kultur, auf dem allein die Frömmigkeit gedeiht.

Jede grundlegende Erfahrungen ist ein Schritt hin zu dieser Erkenntnis. Die Verweigerung des Wehrdienstes. Aber auch das Einschlagenlassen der eigenen Zähne von einem wild um sich schlagenden Metzgergesellen. Der schlug mich als junger Vikar im Jugendheim die Kellertreppe hoch, weil ich ihn davon abhalten wollte, ein schreiendes Mädchen zu vergewaltigen. Und ich dachte, ich dürfte mich nicht wehren. Die Schutzlosigkeit der Menschenflüsterer ist von anderer Art.

Wieder schellt es an der Haustür. Ich könnte sie umbringen, diese Klingel. Warum haben alle Leute das Recht, an einer Pfarrhaustür vierundzwanzig Stunden am Tag zu läuten? Und warum nehmen sie nur an, dass gleich ein netter Mensch vor ihnen steht, um sie nach bestem Wissen zu säugen und zu wickeln?

Mit solchen Gedanken gehe ich oft an die Tür. Ich fühle mich gestört. Aber dann ist die Verstörung meist wie weggeblasen, sobald ich die Tür öffne.

Eine junge Frau steht da. Ich kenne sie nicht. Sie hat verweinte Augen.

Vorsicht, Pfarrer! Du bist auch ein Mann! Dienst ist Dienst und Schnaps ist Schnaps! Aber wer kann und wer will das immer gleich im ersten Augenblick unterscheiden. Das dauert und will durchlitten sein.

»Pfarrer Fliege?«

»Ja.«

»Entschuldigung. Ich komme wegen meiner Mutter. Sie besucht bei Ihnen immer regelmäßig den Seniorenklub. Frau Makert, Sie wissen schon!«

Ich weiß. Eine stille Frau. Aus dem Osten. Eine von denen, die unserer Kirche im Westen treu blieben. Lange nicht mehr gesehen.

»Sie fragt nach Ihnen. Das heißt, nicht direkt. Aber wir haben ihr vor Jahren schon versprechen müssen, dass wir Sie rufen, wenn was Ernstes ist.«

»Und?«

»Sie liegt im Krankenhaus. Seit ein paar Wochen schon. Und seit ein paar Tagen auf der Intensivstation. Heute hat der Arzt gesagt, es geht zu Ende.«

»Und, ist sie noch ansprechbar?«

»Nein, nicht mehr. Schon seit Tagen nicht mehr. Aber wir haben immer noch so gehofft.«

»Wer ist wir?« Soweit ich weiß, ist die alte Dame Witwe.

Ihr Mann war Bergmann. Starb früh. Und ihre Tochter habe ich auch nie kennen gelernt. Wahrscheinlich wohnt sie schon seit Jahren woanders.

»Meine Schwester und ich. Sie ist in der Klinik geblieben. Für alle Fälle. Und ich bin schnell zu Ihnen gefahren. Gott sei Dank sind Sie da.«

»Das heißt also, ich soll am besten sofort mitkommen?«

Aber das würde bedeuten: barfuß, in Jeans und Hemd aus der Hose.

Woher kommt die Koketterie in meinen Kopf? Die Situation ist doch weiß Gott nicht dafür geeignet. Wahrscheinlich gefällt sie mir.

In die Sorge um die alte Frau, die vielleicht oder wahrscheinlich sterben muss, mischt sich unprofessionelle Anmache. Ein wenig zeigen, was man kann. Und vielleicht auch, wie gut man ist. Ein Mann eben. Aber wie und wo soll ich ihr zeigen, wie gut ich bin? Ihre Mutter stirbt. Da werde ich nichts dran ändern.

Aber vielleicht braucht sie mich später vielleicht?

Warum kann man den Kopf nicht abstellen? Warum kann ich mich nicht auf die Mutter konzentrieren, die eben ihre Tochter nach mir geschickt hat?

Eine halbe Stunde später gehen wir gemeinsam den Flur des Krankenhauses entlang. Und mein Kopf wird nicht klarer. Die alte Frau, die Mutter, die Witwe, wie wird sie aussehen? Was soll ich tun? Hier in den katholischen Gegenden erwartet man, dass die Evangelischen den Katholischen in nichts nachstehen. Aber was kann man gegen eine Letzte Ölung und Krankensalbung in den Ring der Erwartung werfen? Nichts! Wir Protestanten stehen da mit leeren Händen. Kein Öl, keine Salbe, keine Asche.

Aber vielleicht ist es gerade, dass wir nichts haben. Leere Hände. Das beste Symbol unserer Hilflosigkeit.

Wir haben nur Worte, Gebete.

Psalm 23 werde ich beten. Der Psalm erzählt davon, was die sterbende Frau seelisch erwartet, wenn sie ihren letzten Atemzug getan hat. Hier, auf Erden. Wenn wir meinen, sie sei tot, wird sie nicht tot sein. Sie wird durch ein finsteres Tal gehen, wie ein Tunnel. Und sie wird auftauchen in einer blühenden Welt. Und sie wird wissen, dass sie nicht mehr zurückkann. Sie wird »bleiben im Hause des Herrn immerdar«. Jawohl, das werde ich beten.

Was ist das für ein Parfum, das die Tochter benutzt? Warum komm ich nicht von ihr los? Was will ich bei der Mutter beten, wenn ein Teil meiner Seele bei der Tochter ist?

»Das ist meine Schwester, Herr Pfarrer!«

Ich werde aus meiner Verwirrung gerissen. Aber ich werde nicht klarer.

Hilfe, meine Seele ist nicht frei für die Mutter! Wenn ich aber wirklich zu ihr gehe, dann muss meine Seele ganz rein sein. Ich weiß es. Nur so macht es einen Sinn. Gebete müssen inbrünstig sein, nur dann können sie vielleicht noch etwas bewegen. Als wenn der Himmel menschliche Züge hat und sich von der Erschütterung der Menschen eher etwas abringen lässt.

Ach was, ich gehe jetzt einfach mit den beiden Frauen ans Sterbebett der Mutter. Da bete ich den Psalm und fertig. Ein »Vater unser« dazu, den Segen und Amen. Professionell eben.

Aber es geht nicht.

Es geht nicht! Die jungen Frauen, der Pfarrer! Und dann mein Anspruch und meine Erfahrung, wenn überhaupt, dann nur durch inbrünstiges, tiefes Beten Schichten des Himmels und der Seele erreichen zu können, die mit allem Herzen nie und nimmer erreichbar sind.

Wer sagt denn, dass die Mutter sterben muss? Okay, der

Arzt, aber der bestimmt doch nicht, wann ein Mensch gehen muss. Das bestimmt nur er. Amen! Und wir Pfarrer sind nicht nur Zeremonienmeister zwischen Grab und Tränen. Wir haben auch eine Medizin, die sich da und dort als die stärkste der Welt herausgestellt hat: Gebete.

Ich will beten! Ich will an die Seite der alten Frau! Ich will ... Oder will ich vielleicht auch da nur zeigen, was ich kann?

Die hohen Absätze der Töchter stoppen vor der Tür der Intensivstation. Man muss klingeln, um reinzukommen. Letzte Gelegenheit, einen klaren Kopf zu kriegen. Fragt sich nur, wie? Dabei weiß ich längst, wie es gehen könnte. Die ganze Zeit weiß ich es schon. Wenn ich an die Seite der Sterbenden treten will, rein sein will, meine Seele hellwach jede Regung ihres Körpers wahrnehmend, dann muss ich vorher reinen Tisch machen.

Ich müsste den Töchtern sagen, was sie bei mir ausgelöst haben. Welche Phantasien. Wie sie auf mich wirken. Und das eine Minute vorm Abschied von der Mutter. Unmöglich.

Ich müsste ihnen sagen, dass ich erst einmal keine Lust habe, für ihre Mutter zu beten. Das wäre die Wahrheit. Aber wer will schon die Wahrheit? Niemand! Die kann einem gestohlen bleiben.

Aber hier eben nicht. Hier geht es um Tod oder Leben. Und da hilft nur Wahrheit. Es ist aussichtslos.

Okay, ich rede mit den Frauen! Aber wenn ich es ihnen sage, werden sie nie und nimmer mit mir ans Sterbebett der Mutter treten. Sie werden mir eine scheuern und weinend auf dem Absatz kehrtmachen.

O nein, ich weiß nicht, was ich machen soll! Hilf, Vater im Himmel, hilf! Ich sitze fest! Ich brauche dich dringend! Ich rufe dich, ohne dass es sonst jemand hört und sieht. Was soll ich tun?

Wie Don Camillo in seinen Filmen, genauso naiv rufe ich. Und genauso wie er weiß ich, dass es Antwort geben wird. Er wird antworten. Irgendwie.

Da wende ich mich ruckartig den Frauen zu.

»Ich habe das Gefühl, bevor wir zu Ihrer Mutter gehen, muss ich noch unbedingt mit Ihnen reden. Es ist wichtig. Darf ich Sie einen Moment noch beiseite bitten? Kommen Sie bitte.«

Ich gehe mit den beiden an ein Fenster der Klinik. Schaue in den Park. Denn ihnen in die Augen schauen und das sagen, was ich jetzt sagen muss, kann ich nicht.

»Ihre Mutter will, dass ich komme. Und ich weiß wahrscheinlich auch, warum. Sie kennt die Kraft der Gebete. Das ist ihre letzte Karte. Und sie will, dass ich sie jetzt für sie ziehe. Ich will es tun. Es ist nämlich nicht nur ein bloßes frommes Ritual. Es könnte nämlich sein, dass Ihre Mutter dann gar nicht sterben muss. Es könnte sein, dass sie unsere Erschütterung spürt. Es könnte sein, dass wir sie mit unserer Inbrunst tief innen drin bewegen können, umzukehren und Lust auf uns und das Leben zu haben.«

Die Frauen scheinen nicht abweisend zu sein. Sie akzeptieren offenbar den Zeitverlust. Sie spüren, dass es wichtig ist. Also mach ich weiter.

»Aber um meine eigene Seele tief zu bewegen und um den Vater und alle Engel um Hilfe zu rufen, müssen mein ganzer Geist und meine ganze Wachheit anwesend sein.«

Die Frauen nicken leicht.

»Mein Geist und meine Seele sind aber nicht bei der Mutter. Sie sind bei Ihnen beiden.«

Jetzt ist es raus. Jetzt kann alles passieren.

»Ich würde jetzt lieber mit Ihnen im Park flanieren gehen.«

Jetzt bin ich reif! Jetzt brauchen die beiden Frauen nur noch schnurstracks zur Lokalzeitung rennen und ich war einmal Pfarrer. Der Skandal wäre perfekt. Der Bischof würde nicht lange fackeln. Ich könnte heute Abend schon mal die Koffer packen.

Meine Karriere ist in ihrer Hand.

Wie ein kalter Schauer überkommen mich diese Gedanken.

Und in derselben Sekunde bin ich nüchtern wie nie. Wach wie nie. Das war die kalte Dusche. Was wird passieren?

Vater des Lebens, was passiert hier? Hilfe!

Mein Interesse für die beiden Frauen ist in den Bruchteilen einer Sekunde auf Null gefahren worden. Wie steh ich jetzt da? Nackter als in diesem Moment könnte ich gar nicht sein. Was werden sie tun? Vater im Himmel, hilf meiner Schutzlosigkeit! Bewahre mich! Auf meine Beziehungen und Kräfte, auf mein Können und meinen Titel kann ich nicht mehr zählen.

Die Frauen sagen nichts. Jetzt erst schaue ich sie wieder richtig an. Sie schreien auch nicht. Keine Spur von Hysterie. Sie laufen auch nicht weg. Eine Chance!

»Ich danke Ihnen, dass Sie nicht schreien«, fange ich vorsichtig wieder an zu sprechen. »Und dass Sie nicht weglaufen. Aber es ist die einzige Möglichkeit, wirklich nüchtern, wach und rein ins Sterbezimmer Ihrer Mutter zu gehen, um für sie zu beten. Verstehen Sie mich?«

Statt zu nicken, dreht sich die eine um, um an der Intensivstation zu läuten. Gott sei Dank! Wortlos gehen wir die letzten Meter bis an die Zimmertür. Und auf einmal sind wir eine verschworene Gemeinschaft, die von einem Geheimnis oder von einer Peinlichkeit zusammengehalten wird. Als wenn geteilte Geheimnisse die wahren Stärken und Bindungen ausmachten.

Die ältere Schwester öffnet die Tür und ich sehe gleich rechts an der Wand Frau Makert liegen. Wenigstens vermute ich, dass es Frau Makert ist. Erkennen kann man sie nicht. Sie liegt flach auf dem Rücken, ihre Hände sind mit Mullbinden am Bett fixiert. Und sie wird künstlich beatmet.

Ich bleibe am Fußende stehen. Das mache ich immer am Bett eines Kranken oder Sterbenden. Für mich ist es quasi die Haustür zur Seele, die Fußmatte. Und ich muss das Gefühl bekommen, dass ich näher treten darf. Auch ohne Worte.

Die Töchter treten jede an eine andere Seite des Bettes. Sie streicheln die Wangen der Mutter. Sie weinen leise. Ob die Mutter was merkt? Ich weiß es nicht. Ihr Gesicht zeigt keine Regung. Der Arzt schaut kurz vorbei. Er sagt kein Wort. Er nickt. Erkennt wohl die Situation. Die Kinder haben den Pfarrer geholt. Sie haben verstanden.

Vorsichtig lege ich meine Hände auf die Stelle der Bettdecke, wo die Füße der Sterbenden eine Erhebung zeigen. Ich atme jetzt langsamer. Ich will nur die Füße durch die Decke spüren. Und ob ich mit meinen Händen unter die Decke kommen darf.

»Frau Makert«, sage ich langsam und deutlich, »Frau Makert, ich bin da. Pfarrer Fliege. Ihre Töchter haben mich geholt. Es sind gute Töchter.«

Verstohlen schaut die jüngere zu mir über die Schulter.

Als ich das Gefühl habe, dass ich gehört worden bin, wandern meine Hände unter die Bettdecke. Ich streichle die kalten Füße der Frau.

»Sie haben kalte Füße. Mal sehn, ob wir sie warm bekommen.«

Und langsam und bedächtig streichle ich sie.

Jetzt fang ich an, den Vater zu rufen. Leise, zuerst noch unhörbar für andere. Rufe und bitte ihn um Beistand. Um Hilfe, um Gnade. Ich bitte ihn um ein neues Geschenk. Und gleichzeitig streichle ich die Füße der Frau.

Tränen laufen mir auf einmal über meine Wangen. Es ist

gut! Eine tropft auf die Bettdecke. Ich wische die anderen nicht ab. Meine Hände bleiben bei den Füßen. Und meine Gebete im Himmel. Ich spüre, dass ich vorwärts komme. Was heißt vorwärts? Seele an Seele bitten wir »Kinder« nun um das Leben dieser Mutter. Ich bin kein Funktionär, kein verkappter Liebhaber mehr. Ich bin ein Bruder. Und vielleicht bin ich auch ein Kind. Wenn nicht das Kind dieser Frau, so doch das Kind des Himmelsvaters.

Da! Die Füße! Hat sich da nicht ein wenig der Fuß bewegt? Wach bleiben! Alles mitbekommen! Das unermüdliche Streicheln der Töchter. Der Arzt, der wieder einmal vorbeischaut.

War da ein wenig Ärger in seiner Miene, dass wir hier den Ablauf der Station stören? Mir war so. Ich will alles mitkriegen, denn alles könnte ein Zeichen sein, wie es jetzt weitergeht.

Keine Ablenkung bitte! Beten! Und ich rufe wieder: Vater des Lebens, ich weiß nicht, wer du bist. Ich kenne dich nur aus mancher Noterfahrung. Jetzt ruf ich dich wieder. Sieh uns! Nimm uns wahr! Und dann, wenn es dein Wille ist, lass für uns ein Wunder geschehen. Die Mädchen wollen nicht, dass ihre Mutter geht.

Und so ganz sicher bin ich auch nicht, dass die Mutter will. Der Fuß bewegte sich.

Hat sie mit den Augenlidern gezuckt? Sie hat mit den Augenlidern gezuckt. Sie hat mit den Augenlidern gezuckt!

»Mutter zuckt mit den Augenlidern!«

»Mhm, mhm!«

Die Töchter haben es mitbekommen.

»Sie weiß, dass wir da sind. Sie ist auch da. Sie hört jetzt alles. Wir haben sie ein Stück zurückgeholt, aufgeweckt. - Frau Makert, wir sehen, wie Ihre Augen zucken. Wir sind ganz aufgeregt, ob Sie vielleicht noch mehr sagen wollen. Vielleicht mit den Augen, dann öffnen Sie die Augen.«

Meine Hände sind wieder an ihren Füßen. Ich wärme sie. Und ich will ihr irgendwie Mut machen, wieder Schritte auf dieser Erde tun zu wollen. Einladung der Erde an die müden, kalten Füße.

Und dann öffnet sie die Augen. Sie sucht nach ihren Töchtern. Und als sie sie erkennt, atmet sie lang und hörbar aus, wie wenn alles okay wäre und schließt die Augen wieder.

War es das? Das letzte Mal die Kinder sehen?

Ich glaube es nicht.

»Wir sind alle da, Frau Makert! Und wir freuen uns riesig, dass Sie noch einmal umgekehrt sind, um uns zu sehen. Danke! Tiefen, tiefen Dank!«

Blickkontakt zu den Töchtern.

»Frau Makert, Ihre Tochter Susanne ist da. Sie steht links von Ihnen.«

»Mama, ich bin da.«

Und sie drückt die Hand der Mutter. Dann löst sie die Mullbindenfixierung. Nimmt den schlaffen Arm der Mutter hoch und führt ihn an ihre Wange.

»Mama, Mama!«

Und dann ist uns so, als wenn die Mutter die Hälfte der Streichelkraft schon selbst beisteuert.

»Auf der anderen Seite steht Ihre Tochter Rita, Frau Makert.«

Und da wiederholt sich dasselbe Wunder.

»Frau Makert, wir wissen nicht, ob Sie etwas zu uns sagen wollen. Die Ärzte beatmen Sie künstlich. Aber ich habe das Gefühl, Sie könnten es auch wieder selber übernehmen. Momentan können Sie zwar nicht reden. Selbst wenn Sie es wollten. Aber ich bitte jetzt den Arzt, Ihnen die Atemschläuche für einen Augenblick wegzunehmen. Und vielleicht auch den Tubus aus dem Mund zu nehmen. Wir können dann reden.«

Sie atmet wieder ruhig aus. Entspannt. Keine Aufregung. Der Monitor an der Wand, der alle ihre organischen Funktionen aufzeichnet, zeigt ein stabiles Bild an.

Ich schaue mich nach dem Arzt um. Nichts zu sehen. Wenn er kommt, werde ich ihn bitten, die Patientin zu extubieren.

Doch als er kommt und ich ihn wirklich darum bitte, ist er alles andere als erfreut. Ganz im Gegenteil. Er weigert sich. Stress am Sterbebett, das auf einmal gar keins mehr ist.

Wie krieg ich die höchste Autorität der Station dazu anzuerkennen, dass in diesem Augenblick ein Wunder passiert? Einer Frau, der er nach bestem Wissen und Gewissen vor Stunden noch den nahen Tod bescheinigt hat, müsste er jetzt das nahende Leben bescheinigen. Das will er nicht.

Wir insistieren fast übermütig. Wir wissen, die Mutter kommt zurück. Und er soll sie nicht hindern. Endlich redet er etwas über Verantwortung, die er ausdrücklich ablehne. Dann weist er eine Schwester an, der Frau die Atemhilfe zu entfernen.

Er selber geht. Er will nicht dabei sein, wenn gleich wie in biblischen Zeiten eine Frau ihr Bett nimmt und nach Hause geht. Das ist ihm zu viel.

Uns nicht. Wir jubeln! Und haben noch viele Jahre gejubelt, weil die Frau noch Jahre leben durfte.

*

Jahre später kommt wie eine Bestätigung meiner verrückten Anstrengung, beim Beten möglichst innerlich rein sein zu wollen, eine sonderbare Begegnung daher.

Ich habe davon gehört, dass in der Eifel, irgendwo nahe der belgischen Grenze, ein Gesundbeter leben soll. Einer von denen, die seit Jahrhunderten in den Dörfern die Krankheiten mit seltsamen Zaubersprüchen heilen. Einer von denen, die nicht nur zu kranken Menschen, sondern auch zum Vieh gerufen wurden. Einer von den Letzten. Die Menschen sollen mit ihren Leiden zu ihm kommen und er legt die Hand auf die kranke Körperstelle und murmelt irgendetwas Unverständliches. Auch wird erzählt, dass er in dringenden Fällen mit dem alten Traktor zur Kirche fährt, vom fahrenden Traktor runterspringt, in die Kirche läuft, vor dem Marienaltar kniet, Kerzen anzündet und betet und betet.

Sind das Ammenmärchen?

Ich will es herausfinden. Schließlich ist das Beten mein wichtigstes Handwerkzeug. Es ist die spirituelle »Technik« für Menschen in Not. Kann ich das vielleicht lernen? Und was lerne ich da? Handauflegen? Das ist immer gut. Das tut jede Mutter auf den großen und kleinen Wunden ihrer Kinder. Und das tue ich auch.

Wundersame Erfahrungen stapeln sich da in meiner Erinnerung. Meine Hand, die ich immer wieder über Minuten auf kranke Körperstellen von Menschen legte, und die von erstaunlicher Besserung oder Linderung berichten. War das nur die durch meine Hand geförderte Durchblutung? War das nichts anderes als das Handauflegen einer Mutter bei ihren Kindern? Oder steckte hinter beiden alltäglichen Ritualen mehr?

Handauflegen ist immer das Erste. Kein Pfarrer und Arzt darf darauf verzichten.

Aber was sind das für Sprüche, die der Gesundbeter murmeln soll? Sind es die Sprüche, die heilen? Oder die Hände? Oder etwas ganz anderes?

Ich lasse in der Eifel nach dem Dorf suchen, in dem der Mann leben soll oder gelebt hat. Vielleicht lebt er noch? Ich stöbere in den Bibliotheken nach Literatur über Zaubersprüche und Gesundbeter in Deutschland.

Das Erste, was ich herausfinde: Den Beter mit dem

Traktor hat es tatsächlich gegeben. Aber er ist nicht mehr am Leben. Seine Nichte aber, die soll die Gabe der Gesundbeterei von ihrem verstorbenen Onkel geerbt haben. Kann man Betenkönnen erben? Und wenn, wer vererbt da? Wer bestimmt, wer erbt?

Name, Adresse! Ich will die Frau aus der Eifel nach München einladen. Ich will sie kennen lernen. Verrät sie mir die geheimen Sprüche?

Gleichzeitig lese ich mich fest. Ich habe ein Buch gefunden, das eine Anzahl von Zaubersprüchen aufführt, die bis in die letzten Jahrzehnte besonders im Allgäu, an der Küste und in Niedersachen in Gebrauch waren. Doch ein »in den letzten Jahren« weist wieder und wieder darauf hin, dass ich zu spät komme. Aber bei der Nichte aus der Eifel, da könnte es noch klappen.

Sie ist bescheiden. Es ist ihr sogar peinlich, wegen ihrer »Gabe« nach München geflogen worden zu sein. Das teure Flugzeug. Ja, die Geschichten mit dem Onkel, die stimmten tatsächlich. Davon gebe es viele. Sie selbst sei kurz vor seinem Tod von ihm aufgesucht worden. Und er habe ihr gesagt, dass sie seine Aufgabe übernehmen solle. So sei es vorherbestimmt. Und seine Sprüche hatte er ihr allein offenbart. Da sei nichts Besonderes dran. Sie seien sogar ziemlich einfältig. Wie die Sprüche bei der Anrufung von Heiligen ja oft sehr einfältig sind. Nicht einmal reimen täten sie sich. Aber verraten wollte sie sie dann doch nicht. Sie hat Angst, dass dem Spruch die Kraft genommen würde. Man weiß ja nie!

Alltägliche Magie.

Was sie mir dann aber erzählt, stimmt mit dem, was ich gelesen habe, überein. Einfältige Sprüche, die aber in der Not eine große Inbrunst beim Gesundbeter auslösen können. Auf einmal steht er in der spirituellen Tradition von Generationen. Großväter hinter Vätern! Urgroßmütter hinter Großmüttern und Müttern! Und da werden Kräfte frei, die heilen. Keine Frage.

»Herr Fliege, damit wir uns verstehen«, sagt sie, »es ist schwer. Wenn es passiert und ich beten gehe und um Hilfe schreie, bin ich anschließend wie gerädert. Es ist nicht einfach. Es liegt nicht nur eine Gabe auf meinem Leben, sondern auch eine Last. Ja, eine Last, die ich tragen muss.«

Ich schaue sie an. Sie wirkt nicht sehr stabil. Zäh vielleicht, etwas erschöpft, auf jeden Fall leise. Sie will auch nicht, dass ich ihren Namen nenne. Sie fürchtet sich vor dem Leid, das sie dann nicht mehr tragen kann. Die Menschen ihres Dorfes. Ja, für die kann sie da sein.

»Aber doch nicht für die ganze Welt«, sagt sie später.

Die Ärztin des Dorfes, mit der ich sprach, um mich von den Heilkräften der Beterin zu überzeugen und die mir alles bestätigt, überlegt jedes Mal neu, wen sie zu dieser begnadeten Frau schicken muss.

»Wenn ich selbst nicht weiterweiß und der Schmerz der Menschen zu groß ist, dann sage ich: Gehen Sie zur Maria, die soll für Sie beten gehen.«

Was weiß ich jetzt mehr als vorher? Wahrscheinlich, dass es nicht auf den Inhalt der Gebete und Sprüche ankommt, sondern auf die Inbrunst des Beters. Auf den Glauben der Kranken. Aber vielleicht auch auf den Glauben der Umstehenden, der Familie und des Dorfes?

Die Medizinmänner afrikanischer Dörfer beten und heilen schließlich im Schoß der Familie der Kranken. Alle sind dabei. Und wo das Dorf, die Sippe und die Familie fehlt, fehlt das geistliche Bett zur Heilung. Als wenn wir Menschen alleine gar keine Einzelseele hätten, sondern Teile einer großen Familienseele wären. Wir sind viel verbundener, als wir alle meinen.

Hilferufe

Irgendwann kommt der Tag, an dem du alles, was du gelernt hast, brauchst, um den Teufel besiegen zu können. Es steht alles auf dem Spiel. Leben oder Tod. Dabei war es schon fast vergessen, was ich mit der missbrauchten Frau in der Nervenklinik lernen musste ...

Ob es den Teufel gibt, mit zwei Hörnern und Schwanz und Pferdefuß, ist eine mehr oder minder abgehobene Kopfdebatte. Wenn er vorbeikommt, hört die Debatte von sich aus auf. Genauso wie bei der Engelsdebatte. Darum debattiere ich nicht gern darüber. Abwarten. Oder besser: Wach sein!

Jesus nannte ihn auch nicht »Teufel«. Er nannte ihn nur »den Feind«. So wie er den Vater im Himmel »die Macht« nannte. Und wenn der Feind in diesem Leben vor dir steht, ist es dir egal, ob er nur ein Ausbund deiner verqueren religiösen Erziehung ist oder real. Ganz real.

Für mich ist die erste Begegnung mit ihm die Begegnung mit einem Menschen aus Leib und Blut. Aber ich weiß, wenn ich den Kampf nicht gewinne, hängt ein Leben dran. Mindestens eines.

Es fängt wie so oft harmlos an. Ich bin längst verheiratet, als meine Frau und ich eine unbekannte junge Frau bei uns aufnehmen. Unbekannt, weil sie katholisch ist. So fest können Konfessionsgrenzen auf dem Land sein. Und sie ist verstört. Deswegen bieten wir ihr an, die Nacht zu bleiben. Obwohl sie auch etwas über zwei Kinder sagt. Wir machen ihr ein Lager, löschen das Licht und gehen in unser Schlafzimmer.

Es dauert nicht lange und ich bin eingeschlafen. Da stößt mich meine Frau an. Sie hat Schritte gehört. Ob unser Gast zur Toilette geht? Nein! Die andere Richtung! Wir richten uns im Bett auf und lauschen. Die Schritte gehen Richtung Küche.

Sie wird Hunger haben, denke ich und lasse mich wieder in die Kissen fallen. Kein schlechtes Zeichen. Abends hatte sie keinen Bissen gegessen. Und jetzt schlägt sie zu. Soll sie nur.

Da stößt mich meine Frau wieder an. Sie ist unruhig. Ich kenne ihre gute Witterung, was Gefahr angeht. Sie ist empfindsamer als meine. Schon einmal haben wir einen Dieb aus dem Pfarrhaus mit vereinten Kräften hinausgebrüllt, weil sie ihn geradezu gewittert hatte. Der Atem des Mannes hatte ihn verraten. Der bloße Atem, drei Zimmer und einen Stock entfernt. Meine Frau war aufgewacht und hatte vorsichtig nach mir gestoßen.

Und jetzt wieder!

Was macht die Fremde in unserer Wohnung? Es hat keinen Zweck, weiter zu spekulieren. Los, auf, nachsehen!

Wir überraschen sie dabei, wie sie mit einem Küchenmesser versucht, sich an den Armen zu schneiden. Nicht so, wie es Suizidkandidaten tun. In Längsrichtung, immer an der Pulsader entlang. Nein, quer und immer wieder. Das Blut tropft auf den Parkettboden.

Keine Panik bei ihr. Fast könnte man sagen, dass sich Erleichterung in ihrem Gesicht breit macht. Wenigstens kommen Tränen, als sich meine Frau zu ihr setzt. Tränen! Und mit den Tränen Worte. Als wären die Tränen die Vorboten und der Fluss, auf dem das Grauen auch wieder aus uns herausfahren kann.

Sie weint und weint. Wir haben Zeit. Da erst zähle ich zwei und zwei zusammen. Die verstörte Frau, die Sprachlosigkeit, Nichtessen als Essstörung und jetzt das »Schnibbeln«.

Ich ahne, was kommt. Reicht einfaches An-ihrer-Seite-Bleiben in diesem Fall aus? Das tun wir. Das werden wir auch wieder tun.

Der Vater hat sie als Mädchen missbraucht. Und tut es immer noch. Obwohl sie verheiratet ist. Aber nun lebt sie allein. Ihr Mann weiß von nichts. Sie konnte es ihm nicht sagen. Die Trennung war programmiert. Und jetzt kommt der Vater jede Woche zu ihr.

Mehr geht nicht. Mehr braucht kein Mensch, um verrückt zu werden.

Und sie fleht uns an, niemandem ein Sterbenswort davon zu erzählen. Und wenn es so weitergeht, denke ich, was dann? Aber sie fleht. Und Beichtgeheimnisse gelten auch bei Protestanten. Sie sind an kein Möbelstück und keinen Ort gebunden.

Am nächsten Tag geht sie in ihre Wohnung zurück. Aber es dauert nur eine weitere Woche. Dann ist sie wieder da. Und wir sitzen wieder eine Nacht neben ihr und trösten und beraten. Aber die Hände sind uns gebunden.

Wie kommt man nur aus so einer Falle heraus? Der Mann, ihr Vater, könnte ja sogar von ihrer Beichte erfahren und sich eins lachen. Der Pfarrer weiß alles. Aber sagen darf er nichts. Ich suche nach einer Lösung.

Er kommt immer mittwochs. Das weiß ich. Und wenn ich sie einfach mittwochs besuchen würde. Sozusagen: Hausbesuch des Pfarrers. Einfach so lange bleiben, bis er kommt?

Und er kommt tatsächlich. Der Schlüssel dreht sich in der Tür. Und er steht vor mir. Die Überraschung ist perfekt. Er sieht mich und weiß in derselben Sekunde Bescheid.

Darauf muss ich setzen. Ich will jetzt keine zweite Beichte. Ich will auch nicht anklagen. Ich bin kein Polizist, kein Staatsanwalt. Ich sage nur: »Die Schlüssel bitte!«

Er gibt sie mir.

Als wenn der Sieg gegen den Teufel so einfach wäre. Als wenn je ein Alkoholiker aufgehört hat zu trinken, weil der Pfarrer die Flasche gesehen hat. Er wird wieder kommen. Nächste Woche ist wieder Mittwoch. Und wenn nicht nächste Woche, dann die darauf.

Er hat sich einen Nachschlüssel machen lassen. Seine Tochter droht, verrückt zu werden. Sie kann sich nicht wehren. Sie kann nicht schreien. Sie schreit bei mir. Und ich darf nicht für sie schreien.

Irgendwann bin ich wieder in der Wohnung seiner Tochter, als er kommt. Jetzt steht er an der Wand. Einmal war kein Mal. Jetzt muss der böse Fluss, der sich in die Seele seiner Tochter gegraben hat, ein für alle Mal gestoppt werden. Aber wie? Angst kriecht in mir hoch. Der Mann ist stärker als ich. Handwerker. Was ich mit dem Kopf versuche, wird er mit den Händen regeln wollen. Ich wage es einfach. Und ich schaue ihn dabei an, fest an, in die Augen, wie einen Hund, der angreift.

Ich bluffe.

»Ich gehe zur Polizei!«

Er schweigt. Aber ich spüre nicht, dass ich gewinne. Vielmehr schießt mir durch den Kopf, was die Tochter erzählte, wenn sie sich dann und wann traute zu verweigern. Dann kommen die Brüder. Und was für welche.

»Komm, gehen wir zur Polizei!«, sage ich und schaue mich aus den Augenwinkeln nach der Tochter um. Sie darf jetzt bloß nicht einknicken. Sie muss jetzt einen Schritt auf mich zumachen.

Bitte, komm! Zeig deutlich, wem du in deiner Zukunft vertrauen möchtest, deinem Vater oder mir. Kann man solche Bitten in den Augen ablesen oder gibt es wirklich eine Sprache, die von Herz zu Herz geht, von Seele zu Seele? Da macht sie einen Schritt auf mich zu.

Und jetzt? Er bewegt sich nicht.

Ist er bewaffnet? Überlegt er vielleicht? Ich halte in diesem Augenblick alles für möglich. Wie ein Dieb, den man in dunkler Nacht erwischt hat. Und der jetzt die Zeugen beseitigen will.

Da dreht er sich um und sagt zu seiner Tochter: »Ich warne dich!«

Den Weg zur Polizei ist die Tochter gegangen. Und sie hat ihr Leben gewonnen.

Später fällt mir auf, dass die eigentliche Vergewaltigung seiner Tochter wohl darin bestand, dass er ihr die Stimme nahm. Das Schreien, das Um-Hilfe-Rufen. Denn die Würde des Menschen liegt auch in seiner Stimme, in seiner Sprache.

Ich will darauf achten.

*

Die Gelegenheit kommt, als ich als Fernsehmoderator missbrauchte Frauen als Gäste im Studio habe. Überall die gleiche Entdeckung: Die Täter haben ihnen sogar während der Tat den Mund zugehalten. Dann liegt dort auch die »Medizin«. Und wenn sich die Öffentlichkeit noch hundert Mal darüber aufregt, dass ich Frauen in aller Öffentlichkeit darüber erzählen lasse.

Ihr lieben Zuschauer, es ist das Heilmittel der Frauen! Es ist die wahre, vielleicht die einzige Medizin. Raus auf den Marktplatz und schreien dürfen, dass es die ganze Straße, die ganze Stadt, das ganze Volk hört. Das ist Therapie. Das ist Hilfe.

Was sind das für Damen und Herren, die verlangen, dass man solche Geschichten am besten im Kämmerlein mit sich ins Reine bringen soll? Fernsehen als Therapie.

Wie ein Schaf, das von einem Wolf angefallen wurde, als sich abseits der Herde eine günstige Gelegenheit dafür bot. Und jetzt kommt es schreiend zurück in den Schutz der Herde, schreit und schreit, dass wir es in die Mitte nehmen.

Schließlich sehe ich uns Menschen wie ein Schafherde über diese Erde gehen. Und wer vor lauter Individualismus auf den Schutz der Herde meint verzichten zu können, der kommt um.

*

Als ich meinen Mund auf die blau angelaufenen Lippen des toten Jungen drücke und ihm die kleine Nase zuhalte und blase, spüre ich, wie sich sein kleiner Leib ein wenig aufbläht. Noch einmal, noch einmal, dann wieder Herzmassagen.

Vater im Himmel, hilf mir doch! Hilf doch! Hilf! Ich schaff das nicht! Ich schaff das nicht! Er hat doch schon viel zu lange im Wasser gelegen. Er ist doch tot – oder? Ach bitte, vollbring ein Wunder und lass ihn leben.

Wieder blase ich meinen tiefen Atem in die kleine Lunge. Nur der Junge und der liebe Gott. Sonst nehme ich keinen wahr. Dabei stehen mittlerweile zig Leute um uns herum. Auch die Mutter des Kleinen.

Sie waren in diesem Sommer zum Baden an die Talsperre gefahren. Und da war es passiert. Ich hatte es nicht mitbekommen. Nur das Schreien, das Rufen nach der DLRG. Aber es war mitten in der Woche. Da gab es keine Rettungswache. Nur ich war da. Zufällig? Gerade sechzehn, siebzehn. Und renne dahin, wo man schreit.

Ein Junge, acht Jahre, bald zehn Minuten ist er weg.

Da draußen, zwanzig Meter vom Ufer.

Die Mutter schreit. Läuft immer wieder ins Wasser. Und zurück. Sie kann offenbar nicht schwimmen.

Los! Schwimmen, kraulen, tauchen.

Nichts! Wie tief wird hier das Wasser sein? Drei, vier Meter. Aber es ist zu trübe. Ich muss mit den Händen den Boden abtasten. Und dann immer wieder auftauchen. Und die Zeit läuft gegen uns. Da erwische ich etwas. Der Junge? Arm oder Bein? Ich lasse nicht los. Es ist der Junge. Er treibt mit mir.

Nach oben. Ans Ufer. Wohin mit dem Jungen? Auf den schlickigen Boden. Und da Wiederbelebung. Wie ich es gelernt habe.

Ich arbeite. Habe Angst, arbeite, muss mich gegen tausend Vorschläge wehren. Blase, pumpe, bete und kommandiere.

Ich bin allein. Ich werde es nicht schaffen. Hilfe, ich werde es nicht schaffen! Verloren! Soll ich aufhören? Kann ich nicht. Vielleicht passiert auch ein Wunder.

Nach zehn, fünfzehn Minuten endlich höre ich das Martinshorn. Endlich! Endlich! Aber die Rettungssanitäter tun auch nur, was ich mache. Ich sitze erschöpft daneben.

Der Junge auf dem lehmigen Boden. Die wimmernde Mutter, die ihn dauernd beim Namen ruft.

»Wach doch auf!«, ruft sie immer. Und dann nur den Namen.

Später, als der Arzt den Tod ihres Kindes festgestellt hat, bleibe ich bei ihr. Wimmern, Schreien, Kopfschütteln. Immer wieder Kopfschütteln und dann wieder Schreien.

Schweigen.

Tun kann ich nichts. Vorwürfe. Vorwürfe macht sie sich. Macht sie die mir auch? Vielleicht. Doch spüren kann ich sie nicht. Mein erster Toter. Ich sage nichts.

Soll ich jetzt gehen? Meine Arbeit ist doch getan. Wenn

auch erfolglos. Aber irgendwas zwingt mich zu bleiben. Also bleiben und zum ersten Mal erleben, wie eine Mutter ihr Kinde verliert. Schock, Trauer, Schmerz, Schreien, Klagen und das Mühlrad des ewigen Warum.

Warum?

Ich habe viele Jahre und viele verzweifelte Menschen gebraucht, um oft nach langem Schweigen mit den Trauernden die richtigen Schritte aus der Warum-Falle zu finden.

Da waren die ersten Toten und die ersten Trauernden bei der Wasserwacht. Da waren aber auch schon ein mit vierzehn verstorbener bester Freund und seine klagende Mutter und sein stummer Vater. Stumme Warums! Als wenn Warums am Ende verstummen lassen.

Väter trauern anders als Mütter. Väter verstummen wie tot bei lebendigem Leibe. Mütter schreien, klagen, trommeln mit unsichtbaren Fäusten gegen eine unsichtbare Tür. Was für eine Tür ist das?

Dann die ersten Beerdigungen. Ausgerechnet ein Kind. Zwei, drei Jahre alt. Leukämie. Und ich weiß noch, dass ich mich der schreienden Warum-Frage der jungen Eltern angeschlossen habe.

Als Protestleute gegen den Tod sind wir auf den Friedhof marschiert. Wirklich marschiert. Mit dem Foto des toten Mädchens in der Tasche. Und unsichtbar auf großen Transparenten unser Warum. Nur der Himmel sollte sie lesen. Warum muss ein kleiner Mensch an Leukämie sterben? Wir haben nicht an die Himmelstür geklopft. Wir haben dagegen getreten.

Heute weiß ich, dass da niemand öffnet. Warum-Fragen werden nicht beantwortet. Nie. Hinter jeder scheinbaren Antwort tauchen hundert neue Fragen auf. Aber wenn sie nicht beantwortet werden, wozu sind sie dann da? Sie müssen doch einen Sinn haben.

Seit einigen Jahren weiß ich, dass wir Menschen mit Anklagen am besten den Schmerz aus der Seele spülen können. Dieses Warum will ja gar keine Antwort. Wer würde sich schon zufrieden geben, wenn irgendeine Gottheit Gründe dafür liefern würde, dass einer Mutter das Kind geraubt wird? Niemand! Aber Schreien und Türeinrennen befreit. Das wissen wir seit gut dreitausend Jahren. Aus biblischen Zeiten. Warum-Fragen sind nur die intellektuelle, erwachsene Form von »Mamaschreien«, weil man die Welt nicht mehr versteht. Der Ursprung der großen Warum-Frage liegt im Bauch.

Schrei »Mama«!

Schrei »Papa«!

Später arbeite ich mit Trauernden. Ich schlage ihnen vor, sich umzudrehen, wenn sie Warum fragen. Mindestens den Kopf drehen. Warum fragt nämlich immer nach hinten, nach Gründen, nach Vergangenheit. Aber liegt da die Zukunft?

Wenn genug geschrien wurde, kommt auch die Zeit des Nach-vorne-Schauens zurück. Alles hat seine Zeit. Doch die Frage ist dieselbe geblieben. Der Adressat auch. Der Himmelsvater. Aber die Frage heißt auf einmal: Wozu ist mir das passiert? Was soll aus mir werden? Aus dem Warum muss das Wozu herausgehauen werden. Mit Tränenwasser und Schmerzen. Und das Eingeständnis, dass keinem von uns ein Rosengarten versprochen worden ist. Nur Sonnenaufgänge bekommt man geschenkt. Das Leben ist ein Geschenk und kein logisches, berechenbares System von Geben und Nehmen.

*

Noch zehn Sekunden bis zu meinem Auftritt. Ich schließe die Augen. Es gibt jetzt nichts mehr, was ich sehen muss.

Meine Hände mit den Moderationskarten halte ich vor mein Gesicht. Ich mache zu. Ich gehe nach innen.

Ich spüre noch, wie »draußen« jemand an mein Jackett zupft. Meine Garderobiere. Jetzt nicht! Ich suche meine Mitte. Ich suche Stille. Ein paar Sekunden Stille. Ich bete. Ich rufe meine »Väter«. Den leiblichen und die geistigen. Den ewigen.

Gleich trage ich sechzig Minuten lang Verantwortung für den Ruf meiner Gäste. Die meisten von ihnen sind ohne jede Fernseherfahrung. Sie vertrauen sich mir an wie einem Flugkapitän. Höhenflüge. Oder wie einem Lotsen, der sie noch einmal um die Klippen und Krisen ihres Lebens begleitet. Mit dem Unterschied, dass sie selbst diesmal nicht lenken und leiten können.

Zuhause werden sie zuschauen, die hundert Leute, die jeder Mensch kennt und hat und mit denen er lebt und leben muss. Die Familie, die Menschen in der Siedlung, der Kollegenkreis und die Freude, der Postbote und die Frau an der Kasse vom Supermarkt. Und sie alle erwarten, dass meine Gäste auf ihre Art und Weise gut rüberkommen. Ich könnte auch sagen, dass sie glänzen.

Was muss ich nur tun, dass es gelingt? Die Antwort ist uralt. Ein Bruchstück aus den zehn Geboten der Menschlichkeit: Ich darf nicht falsch über sie reden. Und ich muss verhindern, dass falsch über sie geredet wird oder sie falsch über andere reden. Wenn ich es auch vielleicht besser weiß: Ich werde Gutes von ihnen reden und reden lassen und alles zum Besten kehren. Das habe ich von Luther gelernt. Mit vierzehn im Konfirmationsunterricht. Jetzt brauche ich es wie Brot. Vierzig Jahre und ein paar Menschenwüsten später.

Wir leben eben nicht nur vom Brot. Wir leben auch vom Glanz, von der Anerkennung der anderen. Erst recht und besonders in einer Single-Gesellschaft. Wahrscheinlich ist das der einzige Grund, aus dem sie fast alle meine Einladung annehmen. Anerkennung! Sehen und gesehen werden. Spüren, dass man lebt. Was ist daran falsch oder krank? Nichts! Es ist das Wasser, in dem unser Ego schwimmt.

Menschen leben vom Licht und nicht vom Schatten.

Die einen kommen als Gast zu mir, weil sie ein Stück Lebenskrise gemeistert haben. Sie haben den Krebs besiegt. Oder glauben es zumindest. Sie haben ihre Unfruchtbarkeit besiegt. Sie haben wieder Arbeit gefunden und nach Jahren ihre Kinder wieder in die Arme schließen können. Das ist aller Achtung und Beachtung wert.

Jetzt haben sie das Gefühl, dass das nicht nur ein privater Sieg ist, den sie allein genießen dürfen. Es ist eine Erfahrung für viele. Also muss man sie auch teilen. Man muss sie mit-teilen. Das Wachsen und Erwachsenwerden in den Krisen durch überwundenes Leiden ist nicht nur ein Sieg des Einzelnen. Es sickert als Erfahrung in das Bewusstsein der ganzen Menschheit. Wir sind geistig und seelisch vernetzt.

Sind das nun alles Missionare, die da zu mir ins Fernsehen kommen? Wenn man es wörtlich nimmt, schon. Sie haben alle das Gefühl, dass ihr Schicksal etwas von ihnen erwartet. Sie fühlen sich geschickt. Gesandt, um darüber Dinge zu sprechen, die ihnen passiert sind. Ihr Erzählmuster ist klar. Da ist der Professor, der als Mediziner an MS erkrankte. Und da ist kein Kollege, der ihm noch helfen kann. Da macht er sich selbst auf die Suche, experimentiert mit sich und seinem Körper und findet halb gelähmt in Japan ein Präparat, dass nur für Tiere zugelassen ist. Und er spritzt es sich selbst. Verachtet von der ganzen Zunft. Aber es wirkt. Er muss es erzählen!

Und da ist es dann wieder, das archaische Stammesverhalten, das wir immer noch an den Tag legen. Wir leben

eben nicht nur unser eigenes, kleines, kurzes Leben. Wir leben das Leben aller Menschen. Jeder seinen Teil.

Wir sind Fische in einem großen Schwarm. Und irgendeiner von uns hat etwas wahrgenommen, was die anderen nicht sehen. Er wendet. Und schon wendet sich der ganze Schwarm. Was ist das für eine geheimnisvolle Kommunikation zwischen uns Lebewesen?

Warum schreit denn der kleine Junge, der sich beim Spielen auf der Straße die Beine aufgeschürft hat, wie am Spieß? Ich habe es oft gesagt: Damit die Mutter kommt! Auch! Aber die Mutter wird ihn nicht nur an sich drücken. Sie wird auch sagen: »Schrei nicht so laut. Du schreist ja die ganze Straße zusammen.« Und während die Mutter ihre Hand auf die kleine Wunde hält, denkt ihr kleiner Sohn nach über das, was seine Mutter gesagt hat. Das mit der Straße und den Leuten, die da wohnen und alles hören wollen, aber offenbar nicht hören sollen. Irgendwas stört ihn daran.

Er hat sich bei seinem Schreien nämlich gar nichts gedacht. Es kam unwillkürlich. Es kam aus seinen tiefsten Tiefen. Über alle seine Vorväter und -mütter, die längst verstorben sind. Es ist das Überlebensprogramm der Herdentiere. Und damit ist es das Überlebensprogramm der Nomaden, die wir alle noch sind: Das Junge, das gefährdet ist, muss schreien. Es geht nicht nur um die einzelne Mutter, die alarmiert werden muss. Der ganze Stamm muss es wissen. Die Gefährdung der Jungen gefährdet schließlich den Stamm und die Erhaltung aller.

Ich erinnere an den heiligen Paulus, der das Christentum konzipierte. Der ging davon aus, dass eine Gemeinde, die viele Familien, Mütter und Väter und Kinder umfasst, wie der Organismus eines Menschen funktioniert. Wenn der kleine Finger eingeklemmt wird, wissen es im nächsten Moment nicht nur das Hirn und die Hand. Das wissen auch die Füße. Sie müssen es wissen. Sie gehen von sich aus einen erschrockenen Schritt rückwärts. Dafür braucht es keinen Kopfbefehl.

Nichts anderes passiert im Fernsehen, wenn Einzelne ihren Schmerz in die Welt hinausschreien. Es ist nicht nur ihr gutes Recht. Es ist ihre Pflicht. Und es ist unsere Pflicht, auf sie zu hören. Wer lauscht, ist nicht immer ein Spanner. Und wer hinsieht, ist nicht immer ein Voyeur.

Ich bin sicher, dass das kleine Töchterchen der Eltern aus dem Hessischen nicht mehr lebt. Zu lang ist es her, dass sie eines Sommerabends nicht mehr nach Hause kam. Nur ihr Fahrrad wurde gefunden. Nicht weit vom Elternhaus.

Zu oft liest man in den Zeitungen, wie so eine Geschichte ausgeht. Die Eltern haben alles versucht, auch noch auf die geringste Spur ihrer Tochter zu kommen. So kommen sie auch zu mir, um zu fragen, ob ich Hoffnung hätte.

Soll ich antworten: Nein. Niemals!

Hoffnung ist die Schnur zur Mitte des Lebens, die Schnur zum Vater des Lebens. Die zerschneidet man nicht ohne Not.

Also antworte ich: »Hoffnung habe ich immer. Auch gegen alle Statistik, die gegen uns spricht. Aber mein tieferer Grund, Sie einzuladen, ist, mit Ihnen Ihren Schmerz zu teilen. Und wenn es auch nur eine Stunde lang ist.«

Wir können einander nicht nur mit unseren Aktivitäten beistehen, sondern auch mit unserer geteilten Passivität. Teilen ist Teilen.

Das gilt auch für das Glück und die Liebe. Beide wollen genauso herausposaunt werden wie der Schmerz und die Not.

Wie junge Mütter ihr Glück über ihr Kind nicht bei sich behalten können, besingt schon Maria im Lukasevangelium. Sie platzt geradezu vor Glück und umarmt mit ihrem Gesang Gott und die ganze Welt. Solchen Marien von heute bin ich vielen begegnet. Glück strahlt eben. Glück ist von sich aus kommunikativ. Als glücklich Verlobte grüßen in der Frankfurter Zeitung sogar die seriösesten jungen Damen und Herren den Rest der Welt.

Denn wem das Herz voll ist, gleich aus welchem Grund und welcher Bildung, dem geht der Mund über. Er will es nicht nur seinen Freunden erzählen. Er will es allen erzählen. Wer liebt, schreit es manchmal sogar in die Natur heraus. Berge und Seen, alle sollen es wissen. Alle müssen es wissen!

Wenn wir es auch sonst nicht wahrhaben wollen, dass die ganze Welt beseelt ist, hier tritt man selbst den Beweis an. Und die Taten strafen die Gedanken Lügen.

Warum sonst ruft denn eine gebildete, durchaus schon in die Jahre gekommene Frau bei einem Radiosender an, um dort mit großen Vergnügen zu erzählen, wie sie sich einen wildfremden Oberstudiendirektor geangelt hat?

Im Radiosender sitze ich hinterm Mikrofon und spüre, dass ihr Funke überspringt.

Der Winter kommt, Weihnachten steht vor der Tür. Sie ist allein. Es graust ihr vor dem Fest. In ihrer Phantasie sitzt die ganze Welt mit ihren Familien unterm Weihnachtsbaum. Nur sie nicht. Da hört sie in einem belanglosen Kneipengespräch, dass der Oberstudiendirektor ihrer kleinen Stadt das Weihnachtsfest wohl auch allein verbringen wird. Seine Ehe ist schon seit Jahren am Ende. Und Silvester sei er auch allein. Wenn man schon Weihnachten allein sein muss, dann wäre doch Silvester beim Silvesterball eine Möglichkeit.

»Wissen Sie, Herr Fliege, was ich da gemacht habe? Ich habe einfach im Telefonbuch nach seiner Nummer geblättert und ihn angerufen. Entschuldigen Sie bitte, dass ich bei Ihnen anrufen, habe ich gesagt, Sie kennen mich nicht. Und ich kenne Sie auch nicht näher. Ich habe gehört, dass Sie Weihnachten allein sein werden. Das werde ich auch sein. Und Silvester auch. Da gibt es doch auch dieses Jahr wieder den Ball in der Stadthalle ...«

Es kribbelte offensichtlich gleich auf beiden Seiten der Leitung. Der Oberstudiendirektor flirtete gleich zurück. Aber dann kamen ihm doch Bedenken. Wegen der Leute.

»Wissen Sie was, bevor ich mit Ihnen hier zum Ball gehe, wo mich alle Leute kennen, würde ich schon ganz gern wissen, mit wem ich da hinmarschiere. Wie wäre es denn, wenn ich bei Ihnen einen Anstandsbesuch mache? Da sehen Sie, mit wem sie gerade telefonieren, und ich lerne Sie kennen.«

Warum erzählt mir diese Frau im Radio in charmanter Ausführlichkeit ihre Liebesgeschichte? Und warum kommt der Oberstudiendirektor später sogar mit ins Fernsehstudio, als ich sie beide einlade?

Die Antwort ist uralt. Der Stamm, zu dem man auch im dritten Jahrtausend nach Christus gehört, muss wissen, wer mit wem lebt. Ob man sich liebt oder nicht, will er nicht wissen. Muss er auch nicht, um zusammen zu überleben. Aber der Stamm muss wissen, wer zu wem gehört. Einmal, damit er sicher ist, dass das Leben mit oder ohne Liebe weitergeht, und zweitens, um Einbrüche in diese Zweierbeziehung moralisch und sozial zu ächten. Der Fernsehschirm ist nun einmal der Marktplatz von heute, auf dem sich alles trifft.

Die Geschichte der beiden ist schnell zu Ende erzählt. Vor der Tür der Frau steht mit einem großen Blumenstrauß ein kleiner glatzköpfiger Herr mit der verschmitzten Ausstrahlung eines Loriots. Die Überraschung ist perfekt, als er am ersten Abend zugibt, sie irgendwoher schon zu kennen. Sie fuhren oft in derselben Straßenbahn und er hatte immer schon ein Auge auf die unbekannte Schöne geworfen.

Seit bald fünfundzwanzig Jahren sind sie nun zusammen.

Über die so genannten Angeber, die ins Fernsehen wollen, will ich hier nicht reden. Sicher, die gibt es. Aber ich achte darauf, dass sie uns nicht allzuoft unterkommen. Den »Kurschatten« mit seinen zwei Zentnern Lebendgewicht konnte ich erst in der Sendung auf ein menschliches Maß zurückstutzen. Opa Eugen flüstert in mein Herz: Ein guter Hahn wird niemals fett.

Und die Mutter, die ihre beiden Kinder bei deren Geburt zur Adoption freigab und sie jetzt übers Fernsehen von der Adoptionsfamilie wiederhaben will, bremse ich hinter den Kulissen aus. Sie geht weinend und wütend wieder nach Hause. Sie tut mir Leid.

Aber über die, die im Schatten unseres Volkes und ihres »Stammes« leben müssen, über die kann man reden. Nein, mit denen muss man reden. Da ist die Frau aus dem Kohlenpott, die gleich drei Söhne an Drogen verlor. Vater im Himmel, wie soll diese Frau denn ihr Leben annehmen? Da war und da ist viel Schatten und Dunkelheit. Kann da das Fernsehen trösten? Fernsehen nicht. Aber die Anerkennung, die durch eine Fernseheinladung ausgesprochen wird, die kann trösten. Der Makel, das eigene Schicksal verdient zu haben, schwindet.

Wir haben alle keinen Rosengarten versprochen bekommen, als wir geboren wurden. Auch diese Mutter nicht. Versteht das das Volk? Es versteht. Und es nimmt die vom Leben geschlagene Frau, um die es einen Bogen machte, wieder auf.

Da ist der junge Mann, der mit achtzehn aus Liebe zu seiner Mutter eine Bürgschaft unterschreibt, die ihn drei Jahre später mit ein paar hunderttausend Mark in die Miesen bringt. Sein Auftritt im Fernsehen ist ein Hilfeschrei. Ist das legitim? Mehr als legitim! Fernsehen ist nicht nur ein Jahrmarkt der Eitelkeiten. Es ist wie jeder Jahrtausende alte Markt eben auch ein Markt, auf dem sich die Menschen treffen. Und nicht nur, um sich von Schlangenbeschwörern unterhalten zu lassen und Geschäfte zu machen. Es geht auch darum, Erfahrung und Hilfe auszutauschen. Und dieses Forum überlassen wir nicht den Schaubudenbesitzern.

Wir Menschen sind auch eine lebendige Klagemauer. Die erste und die letzte, die es gibt. Wer bei uns nicht schreit, nicht mehr um Hilfe schreien kann, hat etwas wesentlich Menschliches verlernt.

Und die Todgeweihten, die AIDS-Kranken, die Krebskranken, die mit ihrer Hepatitis kämpfen oder mit den fortschreitenden Symptomen von MS? Sie alle kommen, um ihrem Leben einen letzten Sinn zu geben: nicht sinnlos gelebt zu haben. Und sinnvoll leben heißt am Ende immer, ein Leben für alle gelebt zu haben. Ein Leben, das sich dem Leben verpflichtet fühlt.

Aber warum ist Frau Richter gekommen? Und wie soll ich ihr einen roten Teppich in der Sendung ausrollen, wo doch ihre Geschichte alles andere als Anerkennung nach sich ziehen wird?

Ich habe vor der Sendung lange darüber nachgedacht und bin zu keinem Schluss gekommen. Warum ist sie hier? Ich muss es wissen. Wenn nicht jetzt, dann in den ersten Augenblicken unseres Treffens vor der Kamera. Jetzt ist keine Zeit mehr. Manchmal bin ich leichtsinnig.

Die Lampen vor dem Studio schalten auf Rotlicht.

»Eintritt verboten, Sendung!«

Es geht los!

Der Aufnahmeleiter huscht an mir vorbei, wünscht eine gute Sendung und reißt mich in diese Realität zurück.

Die Scheinwerfer verdoppeln ihre Kraft.

»Guten Tag und herzlich willkommen in München. Ich bin Jürgen Fliege.«

Wir sind auf Sendung und ich weiß immer noch nicht, warum Frau Richter hier ist. Sie kann sich zu Hause doch nicht mehr sehen lassen, wenn sie erzählt, was die Redakteure in meine Unterlagen geschrieben haben. Griff in anderer Leute Kasse. Betrug, Alkohol, Schulden. Und irgendwas mit Abendschule und Trennung. Ist das wirklich so wichtig, dass wir es anderen Menschen erzählen sollten? Wahrscheinlich ist es die »Heldengeschichte« einer trockenen Alkoholikerin. Das Erzählmuster ist klar: Sie wollte es nicht wahrhaben, die Symptome. Dann das Verdrängen und Verstecken. Sturz bis in die Gosse. Dann Erkennen, Umkehr und Bekennen. Die Fehler ständig zu bekennen und zu vergegenwärtigen hilft offenbar, auf der rechten Bahn zu bleiben. Darum ist sie vielleicht hier. Das könnte es sein. Trockene Suchtkranke leben vom Bekenntnis. Wie kaum ein anderer Mensch, müssen sie ständig wissen, zu wem sie gehören. Während der Sucht haben sie alle natürlichen Beziehungen missbraucht, verseucht und vergiftet. Jetzt trauen sie nur noch einer. Der ersten aus ihrer Kindheit. Sie bekennen ihre Hilflosigkeit und hoffen, dass andere kommen und helfen. Kein Mensch erkennt so klar wie sie, wie hilflos wir alle im Grunde sind. Kein Mensch baut so sehr auf die Hilfe von außen. Für Suchtkranke kommt die Hilfe des Himmels immer von außen.

Doch dann wird alles anders. Ein Auftritt, der mit und ohne Kameras für uns beide fast vierundzwanzig Stunden dauern sollte.

Die Frau ist nicht unsympathisch. Sie hat eine warme Ausstrahlung, verstärkt durch ihr rotes Kostüm. Was soll da der Griff in die fremde Kasse? Und warum will sie das auch noch erzählen? Was steckt dahinter? Ich weiß es immer noch nicht genau. Mittelstand, geht mir durch den Kopf. Auch die Sprache, die Stimme. Mein spontaner Eindruck beim Händedruck: Kraft! Da kommt keine Verliererin auf mich zu. Da steckt irgendein Geheimnis hinter. Nur welches?

Habe ich dafür einen Instinkt? Mir fällt fast immer spontan ein Mensch ein, bei dem ich ähnliche Wahrnehmungen hatte. Ich habe Muster im Kopf. Schubladen. Zwischenablagen, Schablonen. Menschen sind ja nicht nur alle unterschiedlich. Sie gleichen sich ja auch. Und ich suche nach Mustern in meiner Erinnerung.

Bei ihr fällt mir ein befreundeter Landstreicher ein. Er brachte über Jahre immer wieder ein paar Wochen und auch Monate bei mir im Pfarrhaus zu. Der Mann war gelernter Banker. Auch er hatte unerlaubt in die Kasse gegriffen. Die Schande kam über seine ganze bürgerliche Familie. Bis heute. Seine Telefonate mit seiner Mutter enden immer in Tränen und Vorwürfen.

Aber im Rückblick ist leicht zu erkennen, dass seine Seele diesen kleinen Raubzug inszeniert hatte. Im Unterbewusstsein dieses Mannes.

Er sollte wohl seinen Weg aus kleinbürgerlichen Verhältnissen auf die Walz finden. Unter Gottes Himmel. Das war seine heimliche Sehnsucht. Sein Traum von einem freien Leben. Und da, unter dem Himmel, war er nun seit Jahren glücklich. Ein Philosoph, der bei einer morgendlichen Wäsche in einem kleinen Fluss in Süddeutschland seine dritten Zähne verlor, die wir gemeinsam vom Sozialamt erkämpft hatten.

Ist die Geschichte dieser Frau nach einem ähnlichen Muster gestrickt? Warum sonst holt mir denn meine Erinnerung spontan die Landstreichergeschichte nach oben? Ich sollte darauf setzen. Es hat sich bewährt. Ich setze darauf, dass in mir einer mehr weiß als ich. Ich vertraue ihm. Ich versuche es.

Ich gebe der Frau zu verstehen, dass mich ihre Betrügereien wenig interessieren. Fast breche ich ihren Erzählfluss ab.

Ich wittere nämlich darin eher einen Versuch ihrer Seele, andere Menschen auf sich aufmerksam zu machen. Die anderen sollen endlich hinschauen und hinhören, wer da lebt und leidet. Aber wie sage ich es ihr, ohne sie zu kränken?

»Ich frage mich, Frau Richter, wenn Sie eines Tages einmal auf diese Jahre zurückschauen, ob die nötig waren, Sie irgendwo hinzubringen, wo Sie froh und glücklich sind, endlich angekommen zu sein. Sie schauen auf Jahre zurück wie auf einen Misthaufen, der notwendig war, um den besten Boden zu bereiten.«

Jetzt hinschauen! Wahrscheinlich wird sie kein Wort dazu sagen. Denn das ist ja gerade ihre Krankheit, dass ihre Seele keine Worte findet für ihren wahren Schmerz. Zu viel Scham? Zu viel Angst, um an dieser Front ihres Lebens mutig anzutreten. Und da wagt sie aus diesem stummen Gefängnis einen Ausfall? Da macht sie einen Überraschungscoup an einer völlig anderen scheinbar unsinnigen Seite. Das könnte doch sein? Nichts, was ein Mensch tut, ist wirklich Unsinn. Alles macht Sinn. Es ist alles nur der verzweifelte Kampf gegen die Mächte der Finsternis, ein kleines Licht bleiben zu dürfen.

Ihre Augen werden feucht. Da ist also was.

Langsam, Fliege! Wir haben Zeit.

Jetzt an die Kameraleute denken. Die Regie in ihren dunklen Katakomben wird die Kameraleute im Studio über deren Kopfhörer bitten, mit der großen Fernsehkamera ganz nah an das Gesicht heranzufahren.

»Die Augen von Frau Richter! Ganz groß, bitte!«

Unmerklich für alle macht sich das Objektiv der Kamera daran, Frau Richter näher zu treten. Ohne dass sie etwas davon mitbekommt und sich schützen könnte. Im normalen Leben nimmt man oft den Kopf runter, wenn man spürt, dass jemand näher kommt. Man dreht sich weg. Tränen empfindet man nicht mehr als Kommunikationsmittel. Scham ist durch falsche Scham versetzt worden.

Aber ein zoomendes Objektiv einer Fernsehkamera kommt nicht nahe an die Seite eines Menschen, um zu trösten. Fernsehkameras sind oft wie trojanische Pferde. Sie durchfahren sämtliche natürlichen Barrieren menschlicher Nähe und Distanz. Man hat sie in seine Burg gelassen. Aber man ahnt nicht, was in ihnen steckt.

Ich sehe aus den Augenwinkeln, wie der Mann an der Kamera seinen Daumen bewegt. Er zoomt tatsächlich.

Der Zuschauer soll mitbekommen, was hier läuft.

Aber ich will das nicht. Ich will, auch wenn Millionen zuschauen, mit der Frau alleine sein. Der Zuschauer soll auf Distanz bleiben müssen. Distanz als Respekt. Aber wie mache ich das? Am besten, ich rede jetzt einfach weiter und bewege mich ein wenig von meinem Gast weg. Dann ist die Regie gezwungen, zu mir zurückzuschalten und die Frau in Ruhe zu lassen. Bei mir spielt die Musik, liebe Kollegen in der Regie!

Ich werde mich jetzt in ihrer Nähe auf die Stufen der Studiobühne setzen. Sozusagen zu ihren Füßen. Eine Entdeckung, die ich meiner Dorfkirche verdanke. Irgendetwas stimmte nicht, wenn ich zur Predigt bei Trauerfeiern und Beerdigungen hoch oben auf die Kanzel stieg. Jedes Kind konnte es wahrnehmen: Es war reden von oben herab. Egal, was man sagte.

Also habe ich es anders versucht. Was wäre anders an meiner Rede, wenn ich mich einfach vor die Trauernden stellen würde? Nicht viel. Es war immer noch die Rede eines Stehenden an Sitzende. Ich war immer noch nicht wirklich an ihrer Seite. Immer noch nicht auf ihrer Höhe. Ich musste tiefer kommen. Vielleicht sogar tiefer als die Trauernden.

Welches Organ in uns achtet auf solche scheinbar reinen Äußerlichkeiten?

Leiden, Sünden und Verfehlungen erzählt kein Mensch gern von unten nach oben. Da ist man immer so klein und die Beichtväter im Himmel und auf Erden sind so groß. Das sorgt für zusätzliche Schuldgefühle.

Und Schuld macht krumm. Und Schuld macht stumm.

Umgekehrt ist es viel besser. Es kommt darauf an, dass das Erzählen der eigenen Wahrheit groß macht oder groß sein lässt. Jetzt, wo man endlich den Mut gefunden hat, zu seiner Wahrheit zu stehen, da steht man doch. Da ist man groß.

Irgendwann habe ich mich getraut, mich auf die Stufen des Altarraumes zu setzen. Bodenberührung. Die Gesichter auf gleicher Höhe. Auge in Auge, Mund an Ohr. Wenn ein Trauernder erzählt, versuche ich noch tiefer zu rutschen.

Lebensbeichten, die man von oben als Vater oder Mutter nach unten erzählt, erzählt man quasi den Kindern. Sie können und sollen daraus lernen, es anders zu machen. Das ist der tiefe Sinn aller Fehler, wenn es denn überhaupt einen Sinn gibt.

Vom Griff in die Kasse ist längst keine Rede mehr. Frau Richter ist bei ihrer Lebenskrise angelangt. Aber davon steht nichts in den Unterlagen meiner Redaktion. Soll ich sie dennoch weiter erzählen lassen? Soll ich einfach an ihrer Seite bleiben? Geht das im Fernsehen? Wer weiß, was sie alles erzählen wird? Und wer weiß, ob das alles stimmt? Aber es spricht vieles dafür. Ihre Ausstrahlung, ihre Tränen, die erwachsenen Kinder, ihr ungefähres Alter, Neuanfang in einem Beruf.

Midlifecrisis? Sinnkrise in der Mitte des Lebens? Ein Beruf muss her.

Muss er das wirklich?

Unsere Männererfahrungen sind da eher ein warnendes Beispiel. Die nächsten Stationen auf der Lebensreise jenseits der Lebensmitte sind nicht nach dem bisherigen Erfolgsmuster gestrickt: Wachsen! Mehr, mehr! Lauter, lebendiger gilt nicht mehr. Jetzt wird es leiser, inniger, geheimnisvoller. Die Lebensziele liegen innen. Das gilt für Männer wie für Frauen.

Die dritte Mondphase drängt sich jetzt als Muster in das Innere der Menschen: Nach zunehmendem Mond und dem Mond, der in der Blüte seiner Fülle steht, kommt jetzt der abnehmende Mond. Und wie bei den Pflanzen kommt von ihm die Richtung und die Unterstützung zugleich: Arbeite an deinen Wurzeln! So sehr, wie du bisher an deinem Glanz gearbeitet hast. Irgendwann wirst du gar nicht mehr zu sehen sein. In deiner vierten Phase. Du wirst ganz Wurzel werden. Die Wurzel deiner Kinder.

Aber welcher Mensch kriegt diese radikale Lebenskurve ohne Orientierungsschwierigkeiten hin?

Frau Richter ist doch nicht nur zufällig in diesem Moment aus der Bahn geschleudert worden. In der alten Richtung gab es nichts mehr zu bauen und zu erreichen. Und Umkehr schien ihr vielleicht wie sterben. Da hat sie dann ›ernst gemacht‹. Kein schlechter Versuch, sich aus der Ausweglosigkeit zu befreien, wenn man das Negative noch verstärkt.

»Was meinen Sie mit ›ernst gemacht‹?«

Sie schaut auf. Sie »sichert« wie ein Reh, ob Feinde in ihrer Nähe sind. Ob sie sich weiter vorwagen kann auf die

Lichtung der Scheinwerfer und Menschen. Wie sehr wir immer doch auch Tiere geblieben sind. Wenn ich ihr zu weit weg sein sollte, dann sollte sie einen Schritt auf mich zumachen. Ein Schritt von ihr zu mir ist etwas anders als einer von mir zu ihr.

»Wollen Sie zu mir runterkommen, hier auf die Stufen? Da sind wir näher zusammen. Seite an Seite.«

Sie nickt und kommt aus dem Sessel, auf den die Scheinwerfer des Studios eingestellt sind. Hinein in den Halbschatten der Treppenstufen, wo ich sitze.

»Also, was meinen Sie mit ›ernst gemacht‹?«

»Ich habe mir Tabletten besorgt. Eine ganze Packung voll.«

Ich nicke und schaue auf den Boden. Jetzt nicht anschauen, nicht anstieren, nicht voyeuristisch sein. Eher zum Ausdruck bringen, dass es mich gar nicht überrascht, auch nicht schockiert. Ausdrücken, dass da Verstehen drinsteckt und auch so etwas wie Ahnen oder Wissen. Das ist ja ein inneres Entgegenkommen. Das verkürzt den schweren Weg ein Stück.

Ich nicke stumm. Dann umfasse ich mit beiden Armen meine angezogenen Beine. Ich mache mich klein, wärme mich. Bewahre meine Fassung. Ich tue es für mich und ich tue es für sie. Ihre Seele wird das registrieren. Seelen bekommen alles mit.

»Sie wollten auf Nummer sicher gehen?«

Das habe ich mehr beiläufig gesagt. Wie ein Echo an ihrer Seite. Sie nickt. Und sie erzählt weiter.

»Aber wo sollte ich die Dinger einnehmen? Wenn ich zu Hause bleibe, dann riskiere ich, dass meine Kinder zufällig vorbeikommen und mich finden. Die kriegen das Bild ja nie mehr aus ihrem Kopf raus: Die tote Mutter im Bad. Nein, zu Hause kann ich die Dinger nicht nehmen. Ich habe sie dann eine ganze Weile mit mir rumgeschleppt ...«

Warum sagt sie »Dinger« statt Tabletten? Sie distanziert sich schon davon. Und warum schleppt sie sie mit sich rum?

Stop! Auch das kenne ich, geht es mir durch den Kopf. Wieder ein Bild, das aus meiner Erinnerung auftaucht. Skizzen von Seelenwegen. Aufpassen, dass das alte Bild nicht das neue prägt. Hier kann es ganz anders sein. Was sagt das alte Bild?

*

Eine Frau, älter als Frau Richter, hatte genau wie sie ihre tödliche Dosis immer mit sich herumgetragen. Und nicht nur Tabletten. Sie hatte einfach alles dabei. Als sie das erste Mal in meiner Sprechstunde war und mir ihren kleinen »Hebammenkoffer« zeigte, habe ich schon geschluckt. Geschluckt und geguckt.

Unglaublich! Er war randvoll mit »Hilfsmitteln«. Tabletten, Rattengift, ein Strick zum Aufhängen, eine Plastiktüte, Rasierklingen. Alles. Sie war nicht stolz, es mir zu zeigen. Sie zitterte, als sie eins nach dem anderen rausholte. Von mir wollte sie wissen, was denn am besten wirkt. Es war kein Spiel. Sie kannte alle Vor- und Nachteile. Sie wusste, wie man die Rasierklinge führt und dass der aufgeschlitzte Arm möglichst in lauwarmes Wasser gehalten werden muss, damit das Blut nicht vorschnell eine schützende Kruste bildet.

Und wenn alles nicht half, dann gab es ja immer noch die Methode, von der man immer wieder in der Zeitung liest: der Fön und die Badewanne. Einfach in die Wanne steigen und dann den Fön reinfallen lassen.

Ich nahm mir damals endlos Zeit. Sie demonstrierte bei mir im Pfarrbüro alles. Sie fragte nach der Dauer des Todeskampfes und antwortete selber darauf. Aber ich wollte nicht nur ein dankbares Publikum abgeben. Ich versuchte eine

Strategie. Ich wollte ihr klarmachen, dass nicht ich der Meister im Selbstmord war, sondern sie. Sie war die Lehrerin, ich war der Schüler.

Meine Idee war: Wenn sie nichts mehr kann und sich für nichts mehr fähig hält, dann erst bringt sie sich um. Der Schritt vom Wenigsein ins Nichtssein ist klein. Solange sie aber beachtet und auch geachtet wird, ist sie wer und will leben. Wenn ich sie also in ihrem ganzen Lebensschmerz akzeptiere, dann fiele in dieser absurden Situation immer noch ein wenig Glanz in ihre scheinbare Sackgasse ohne Lebensperspektive. Ich müsste durchhalten und ihren Schmerz an meine Seele lassen. Wenn sie wieder einmal in die Sprechstunde kommt, darf ich nicht müde lächeln, obwohl ich schon alles kenne. Wenn sie auch nur den Anflug von Ironie bei mir merkt, könnte sie verloren sein.

Als sie das letzte Mal kam, erzählte sie mir von einer neuen Brücke über den Weiher in der Nachbarstadt. Sie beschrieb die Brücke haarklein. Das Holz, sogar das Geländer. Waagerechte Sprossen, wie gemacht zum Klettern. In der Mitte am höchsten. Viele Meter freier Fall und die Untiefen im Wassers. Bald würde es Winter. Und kurz bevor das Eis friert, würde sie in irgendeiner Nacht über das Geländer klettern und springen. Niemand würde in einer Winternacht einen vereinzelten Schrei im Stadtpark hören.

»Oder schreit man nicht in letzter Todesangst, Herr Pfarrer?«

Ich weiß es nicht. Ich weiß es bis heute nicht. Ein paar Menschen, bei denen ich war, schrien und kämpften. Andere nicht. Die meisten. Ich weiß es nicht.

Ihre Tochter, die ein paar Tage später bei dem Besuch ihrer Mutter zufällig in deren merkwürdige Tasche guckte, muss die Panik gepackt haben. Sie hat ihrer Mutter verboten, so »böse« Gedanken zu haben. Dann hat sie die Tasche vor ihren Augen in den Müll geworfen.

Am nächsten Tag kam der Anruf vom Beerdigungsinstitut. Die Frau hatte in der Badewanne ihrer Tochter ihrem Leben ein Ende gesetzt. Das Muster war bekannt: der Fön, dann die Verlängerungsschnur, damit der Fön auch ins Bad reicht. Der Fön gehörte der Tochter.

Solche Erfahrungen prägen. Nie bin ich so aufmerksam, wie in den Gesprächen mit potenziellen Selbstmördern. Da muss alles stimmen. Es ist nicht nur wichtig, was du sagst. Es ist der Ton, die Lautstärke, die Schwingung.

*

Mit diesem Wissen folge ich meinem Talkshow-Gast, die mit ihren Gedanken und Tablettenröhrchen unterwegs ist. Mitten hinein in ein Maisfeld vor der großen Stadt.

»Der Mais war mannshoch. Da dachte ich, das ist das beste Versteck. Hier werden sie dich die nächsten Tage nicht suchen. Ich bin reingegangen. Und zu Anfang habe ich auch noch darauf geachtet, dass ich möglichst keine Spur hinterlasse. Das war nicht schwer. So dicht standen die großen Pflanzen. Und als ich mitten im Feld war, habe ich mich hingesetzt, das Röhrchen genommen und alle Tabletten mit einem Mal genommen.«

»Mutig«, sage ich.

»Mutig? Ich weiß nicht recht.«

»Wieso hat es nicht funktioniert?«

»Weiß ich auch nicht. Ich weiß nur, dass ich mir vorgenommen hatte, die letzten Minuten meines Lebens noch einmal die Augen aufzumachen, an meine Kinder zu denken und ihnen alles Gutes zu wünschen. Bis alles vorbei sein würde. Also habe ich mich hingesetzt und gewartet. Aber dann drehte sich mein Magen um und ich musste die gesamten Tabletten erbrechen. Die Kleidung, alles war voll.

Es war furchtbar. Ich bekam furchtbare Angst. Was, wenn man mich hier so findet? Genau das wollte ich doch nicht. Da bin ich auf allen vieren runter und habe die Tabletten mitsamt der Erde noch einmal geschluckt. Wenn ich mir das heute vorstelle! Wahnsinn! Aber damals war es okay.«

Zeit, Zeit, Zeit! Gib ihr Zeit, Fliege! Nicht drängeln. Spüren, wann ein neuer Impuls angebracht ist. Vielleicht wenn sie aufschaut. Sie hat ihre ganze Geschichte wie in den Boden hinein erzählt. Wie wenn sie alles vor ihrem Auge erneut sieht. Die Tabletten, die Erde, die Hand, die nach den Tabletten greift und das ganze Gemisch wieder in den Mund schiebt.

Zeit! Gib ihr Zeit, Fliege! Erst fragen, wenn sie quasi wieder zu sich kommt. Wenn sie aus ihrer Geschichte zurückkehrt ins Studio. Schließlich lebt sie noch. Und das Ende ihrer Geschichte steht noch aus.

»Als ich aufwachte, war ich nicht im Himmel. Ich war in meinem dreckigen Maisfeld. Und es war Nacht. Und ich war gar nicht traurig darüber. Als wenn ich es hätte tun müssen. Jetzt hatte ich es getan. War da so etwas wie Stolz? Ich weiß nicht. Aber der da oben wollte mich wohl noch nicht. Schließlich hatte ich zwei Anläufe genommen. Und er hatte nicht einen davon akzeptiert. Was jetzt? Kann ich überhaupt stehen? Ich rapple mich auf. Geht! Und gehen? Wohin? Dreckig wie ich war, bin ich nach Hause gewankt. Da bin ich ins Bad gegangen. Der erste Weg. Die Kleider weg, vom Leib gleich in den Müll. Dann Dusche, Wasser, warmes klares Wasser und Schlafen. Ich habe vierundzwanzig Stunden an einem Stück geschlafen.«

»Und da war keiner, der sie erwartete oder vermisste?«

»Ja und nein. Es war ja nicht so lange. Und ich habe alles getan, damit es keiner bemerkt.«

Jetzt sitzt sie hier im Studio und erzählt es einer Million Menschen. Was macht das für einen Sinn?

»Und die Sache mit der Kasse und dem Geld und dem Betrug?«

»War alles später.«

»Und der Alkohol?«

»Da bin ich ja runter, Gott sei Dank!«

Die Sendezeit ist längst um. Wir haben überzogen. Aber da es eine Aufzeichnung ist, werden wir es bestimmt irgendwie hinbiegen. Ein paar Wiederholungen raus und die Zeit stimmt. Aber mir fehlt immer noch der tiefere Sinn ihres Kommens.

Als sie geht, dankt sie mir. Wir nehmen uns kurz in den Arm. Und ich frage, ob sie heute noch nach Hause fährt. Nein, sie schläft im Hotel in München. Wenn was ist, soll sie anrufen. Manchmal gebe ich auch meine Handynummer raus.

Damit hätte alles gut oder eben schlecht sein können. Doch als ich am nächsten Morgen in meinem Büro die Post mache, liegt ihr Brief ganz oben. Ohne Poststempel. Sie muss ihn in aller Frühe selbst überbracht haben. Zehn, zwölf Seiten auf Hotelpapier. Handschriftlich, klare, kleine Schrift, zügig geschrieben. Ich lese.

Sie hat die ganze Nacht über kein Auge zugetan. Nur geschrieben. Diesen Brief. Bis endlich der neue Tag dämmerte.

Als sie am vergangenen Abend ihr Zimmer betrat und sich erschöpft aufs Bett warf, stieg plötzlich eine unheimliche Wut in ihr auf. Wut auf Fliege, Wut auf mich, den falschen Pastor und gerissenen Menschenfischer. Dem hatte sie es doch jetzt zu verdanken, dass auch der geheimste Teil ihres Lebens demnächst an jeder Straßenecke diskutiert würde. Die Kinder wüssten alles! Mit seiner einfühlsamen Art, seiner Seelen-Technik hatte er sie geknackt. Dieser Fliege. Keines ihrer Kinder wusste bis zu diesem Fernsehabenteuer ihre wahre Geschichte. Und jetzt das!

»Wie Sie sich dann auf den Treppenstufen klein gemacht haben. O wie konnte ich nur so blöd sein, auf Sie reinzufallen? Jetzt wissen es alle! Und alle werden mit Fingern auf mich zeigen: Das ist die mit den Pillen im Maisfeld!«

So schreibt sie und schreibt sie. Und ihre Wut bricht sich Bahn. Seiten lang. Bis sich gegen Morgen ein neuer Ton in ihren Brief mischt. Jetzt, wo es sowieso alle wissen und sie wie »vogelfrei« durch die Stadt laufen wird, da wird auch alle Versteckspielerei überflüssig sein. Gegenüber ihren Kindern, gegenüber möglichen Arbeitgebern.

»Vogelfrei bringt tatsächlich etwas Freiheit mit sich. Ich bin frei!«

Irgendwann muss sie in dieser Nacht auch wieder geweint haben. Andere Tränen. Keine Wuttränen mehr. Glückstränen. Wie jede Träne Trauer und Glück fließen lässt.

So furchtsam ich angefangen habe, den Brief zu lesen, auf Seite zwölf sieht man mich auf einmal den Tränen nahe. Da bedankt sie sich für den gestrigen Ritt über ihren ganz persönlichen Bodensee.

»Ich habe keine Leiche mehr im Keller. Ich bin frei. Und das verdanke ich Ihnen!«

Nein. Das verdankt sie nicht mir. Das verdankt sie sich. Das verdankt sie irgendeinem genialen Strategen in ihrer Seele, der den verrückten Weg über Sucht, Kriminalität und Fernsehen wählte, um sie aus ihren Lügenlabyrinthen zu befreien. Wohnen Engel eigentlich im Himmel oder in den Seelen der Menschen? Oder ist Himmel und Seele dasselbe?

An die Seite fremder Menschen zu kommen, das ist immer eine Frage, auf was man sich verlassen will. Auf die eigene Kraft und Fähigkeit oder auf ein bisschen Chuzpe und

Glück. Oder setzt man ganz gezielt darauf, dass man mit seiner eigenen Hilflosigkeit den Himmel geradezu beschwört, einem hilfreich zur Seite zu stehen?

Die andere Wirklichkeit

Träume sind der Stoff, aus dem die andere Wirklichkeit ist. Die mythologischen Geschichten der Völker sind die Traumbilder, die sie in die Tiefe ihrer Anfänge führen. Träume bringen einen zu den Wurzeln des Lebens. Sie führen einen zurück in vorgeschichtliche Zeiten, nein, in zeitlose Zeiten, zeitlose Welten. Und dann springen sie mit den Träumenden in eine Zukunft, die ebenso wenig die Zeit kennt.

Traumzeiten, die sich jede Nacht Zeit nehmen, um uns mit der anderen Wirklichkeit vertraut zu machen. Warum sonst haben alle Menschen Nacht für Nacht ihre Träume? Ballast, der gar nichts wert ist? Seelischer Müll? Nein. Die Natur entwickelt sich nicht ohne Sinn.

Das weiß kein Kind, wenn es träumt. Aber durch nichts lässt es sich so erschüttern wie durch seine Träume.

Ich liege mit drei, vier Jahren im Bett meiner Mutter. Da bin ich nicht gerne. Selten liege ich da. Aber es ist Ostern und sie hat mir gestern Abend gesagt, dass vor dem Schlafzimmerfenster gegenüber eine Schafherde mit jungen Lämmern zu sehen sei. Da bin ich, gleich als ich aufwachte, zu ihr rübergelaufen.

Die Fenster sind auf. Und tatsächlich, jenseits der Straße ist eine Herde zu sehen. Ein dunkler Hund schleicht herum. Es ist kalt.

Vater schläft noch, während ich mich unter die Decke meiner Mutter wühle. Aber sie ist wach. Sie rückt etwas beiseite. Und während ich den fernen Rufen der jungen Lämmer nach ihren Müttern lausche, fängt meine Mutter an, ein frommes Osterlied zu singen: »Ostern, Ostern auferstehen, Ostern, Ostern Frühlingswehen«.

Die zweite Strophe handelt davon, dass »der lange Kerker bricht«. Die Erwachsenen, die solche Lieder geschrieben haben, wissen, was ein Kerker ist. Hier ist es der Kerker des Todes, aus dem Jesus am Ostertag befreit wurde. Aber ich weiß es nicht. Ich bin erst drei, vier Jahre alt. Und doch weiß ich, was »der Kerker« ist. Es ist der dunkle Mann, der in meinen Träumen auf mich zukommt, immer größer wird wie ein Riese und mich ähnlich unter sich begräbt wie eine Dampfwalze. Woher kennt meine Mutter diesen unheimlichen Mann? Was ist das für ein Lied, das sie singt?

Da kommt der Mann wieder auf mich zu. Und als er nur noch wenige Schritte von mir entfernt ist, hört er den Gesang meiner Mutter. Und da bricht er mitten entzwei. Nach vorne weg. Tot! Aus, vorbei! Sieg über den Kerker! Meine Mutter und ihr Gesang können Albträume besiegen. Dem Heiland sei Dank.

Die magische Praxis bei erfolglosen Schülern reduziert sich auf das Deuten von Zeichen und Vorhersagen. Ich habe die Bordsteine genauso gezählt wie viele andere Schüler, um aus ihrer Summe zu ermitteln, ob eine Klassenarbeit vielleicht ausnahmsweise einmal mit einer Vier enden könnte. Was bei Mädchen die Blütenblätter von Gänseblümchen sind, sind bei mir Pflastersteine, Bordsteinränder und Betonplatten. Sie müssen bei mir dafür herhalten, dass der Vater im Himmel sein Versprechen hält, mich das Abitur schaffen zu lassen.

Er hatte doch damals an meiner Aufnahmeprüfung mitgearbeitet. Hat sich dann aber im Laufe der herannahenden Pubertät verzogen. Wo ist er? Er ist nicht mehr da. Um seine Wirklichkeit wenigstens zu ahnen, zähle ich Bordsteine. Bleibe ich sitzen oder nicht? Bekomme ich einen blauen

Brief oder nicht? Muss ich das Gymnasium verlassen oder nicht? Das wissen und wussten nur die Bordsteine. Gerade Zahl, ich darf bleiben. Ungerade Zahl, es ist vorbei. Das mache ich heute noch so. Wer nicht deutet, muss aufpassen, überhaupt ein bedeutungsvolles Leben zu führen. Aber wer deutet heute nicht? Keiner! Und wer redet darüber?

Während der Schulzeit, meiner Galeerenzeit, mache ich kaum Erfahrungen des unmittelbaren Eingreifens der anderen Wirklichkeit, die wir den Himmel nennen. Da wird zwar gekifft auf Teufel komm raus. Aber ich lasse den Joint an mir vorüberkreisen. Ich sehe die Neugier der anderen. Und ihre Hoffnung, einen Hauch von Ekstase mitzubekommen. Aber ich fürchte mich. Zu sehr stecken mir die Schauererfahrungen meiner Kindheit in der Seele. No drugs! Bis heute! Auch wenn ich später lerne, dass die Wurzeln der Religion wahrscheinlich im Genuss von halluzinogenen Wurzeln liegen. Weihrauch hat solche Kräfte.

Die Wurzeln der Religion also in den Wurzeln! Für mich nicht. Ich suche andere Zugänge. Oder besser noch, ich suche nicht, ich lasse mich finden. Denn die wirkliche Lösung für das ewige Finden und Findenwollen ist das Sich-Findenlassen. Ist doch klar. Hat jemand andere Erfahrungen?

*

Wie allein muss ich mich als Kind gefühlt haben, dass ich bereit bin, ein ganzes Leben lang um Hilfe zu rufen? Wie hilflos, wie schutzlos? Und wie oft muss der Himmel eingegriffen haben, dass ich das Ganze für ein schlüssiges Lebenskonzept halte? Denn so dumm ist nicht einmal der Dümmste, ein Konzept, dass nicht funktioniert, weil offenbar niemand hört und hilft, weiter- und weiterzutreiben.

Es gibt eine andere Wirklichkeit. Jenseits von »Star Wars« und anderen Welten. Es ist eine Wirklichkeit, die nur in einer Richtung zu suchen ist. Sie ist feinstofflicher als die Wirklichkeit, die unsere Augen sehen. Sie reagiert auf Schwingungen eher als auf Kampfgetümmel. Auf Stille eher als auf Lautstärke. Sie lässt sich nicht objektiv in Systemen fassen. Sie hat daher keinen für alle gültigen Zugang. Sie hat für jeden einen anderen. Man muss ihn selber suchen. Try it! Versuch es! Am Anfang war die Erfahrung.

Trial and Error – versuchen und Fehler machen – ist das Lernkonzept der Kinder. Und es ist auch meines geblieben. Es ist das Konzept einer zeitlosen Frömmigkeit, die nur noch der eigenen Erfahrung glaubt und vertraut. Ein Glaube ohne die Macht der Mächtigen.

Die ersten Ausflüge in die andere Wirklichkeit entsetzen mich. Ich bin eben sechs, sieben Jahre, da liege ich tagsüber müde in meinem Bett und schließe zum Spiel nur ein Auge. Merkwürdig! Was ist das? Ich kann ja gar nicht mehr sagen, wie groß oder wie klein die Dinge sind, die ich sehe. Und ich weiß auch nicht, wie weit oder wie nah sie wirklich sind. Was ist wirklich? Was ist Wirklichkeit? Es gibt sie nicht wirklich. Ich weiß es nur aus meiner Erinnerung.

Der Schank ist ziemlich hoch. Und die ausgestopfte Eule auf dem Schrank ist ungefähr so groß wie ein Schuhkarton. Aber wenn ich nur ein Auge aufmache und das andere zu? Dann stimmt das nicht mehr. Dann könnte die Eule auch riesengroß sein, weil sie ja hundert Meter weit weg sein könnte.

Hilfe! Angst kriecht in mein Bett. Schnell das andere Auge wieder auf! Da ist der Spuk vorbei. Aber es reizt mich. Neuer Versuch. Das eine Auge schließen. Das offene schaut jetzt die Eule an. Der alte Hausmeister von der Schule nebenan hat sie mir geschenkt. Und auf einmal spüre ich die Macht der Eule. Und auch der Schrank, der keine Maße mehr hat, macht mir auf einmal Angst.

Ich spiele dieses Spiel eine ganze Weile. Wenn man sich daran gewöhnt hat, kann es auch Spaß machen. Aber auf einmal rutscht mir das Spiel so tief in meinen Geist, dass ich es eines Nachts träume. Und da kann ich das zweite Auge nicht mehr kontrolliert auf- und zumachen.

Hilfe! Ich will aufwachen! Es geht nicht! Warum wache ich nicht auf! Es ist doch nur ein Traum! Oder doch nicht? Ist es Wirklichkeit? Was ist Wirklichkeit? Hilfe!

Ich wache auf. Und ich traue mich nicht mehr einzuschlafen. Bleibe lieber wach. Mein ältester Bruder neben mir schläft schon lange. Er kriegt nichts mit von meinen Experimenten. Was mach ich nur? Wenn ich mich jetzt wieder hinlege und einschlafe, dann kommt der Schrank auf mich zu und es ist aus mit mir. Ich darf nicht einschlafen. Die Träume sind gefährlicher als der Tag.

Wie viel Uhr mag es sein? Wenn doch die Nacht schon vorbei wäre und ich nicht mehr schlafen müsste. Zu Vater und Mutter kann ich nicht gehen. Krokodile liegen bekanntlich immer unter den Betten der Kinder, die mit nackten Füßen über den kalten Flur gehen.

Irgendwann übermannt mich die Müdigkeit. Und der Albtraum beginnt aufs Neue. Jetzt ist es nicht der Schrank. Jetzt ist es die Tapete. Recht hoch oben neben meinem Bett an der Decke, die Tapete löst sich. Und ich weiß nicht mehr, wie groß oder wie klein, wie schwer oder wie lebendig sie ist.

Alles ist anders als am Tag. Sie löst sich. Und ich spüre, sie hat was mit mir vor. Sie hat es auf mich abgesehen. Sie dreht sich wieder, wird dicker, schwerer, die Muster verschwinden in ihr und sie wird grau vor meinen Augen. Jetzt macht sie eine Kurve auf mich zu und nimmt die Gestalt einer Dampfwalze an.

Hilfe! Ich kann nicht schreien. In diesem Traum hört mich niemand. Ich bin ganz allein. Wieder einmal.

Da rollt die Walze auch schon mit der schweren Vorderachse über meinen Kopf hinweg. Ich schreie, höre das Knirschen der Knochen und wache auf. Ich zittere. Aber ich lebe! Es war nur ein Traum. Was heißt hier »nur«? Wie kann ich sicherstellen, dass ich das nächste Mal schon im Traum merke, dass es nur ein Traum ist?

Ich schlage die schwere Daunendecke beiseite. Suche mit den kleinen Handflächen auf der Bettdecke nach kleinen Widerhaken: Daunenfederkiele, die sich durch das Inlett und den Bezug bis nach außen vorgeschoben haben. So einen ziehe ich jetzt ganz heraus. Eine kleine Feder! Ich fahre mit ihr an meiner Oberlippe entlang. Frühe Erfahrung von Trost und Streicheleinheiten, die das Grauen lindern.

Mein Bruder neben mir schläft. Er hat nichts gemerkt. Soll ich ihn wecken? Bloß nicht. Lachen wird er und sich zur Wand drehen. Und dann habe ich auch den letzten Rettungsanker verloren.

Ich sitze im Bett, bis der Morgen dämmert. Wie lang die Nächte sind? Die Kirchenuhr schlägt alle Viertelstunde. Als ich das Wasser der Klospülung im Bad rauschen höre, atme ich auf. Der Tag ist da. Vater geht arbeiten. Hoffentlich geht er an meiner Tür vorbei.

Sind das frühkindliche Ausflüge in die andere Wirklichkeit, in der die Maße dieser Welt nicht mehr zählen? Ich sehe es so. Der Tapetenalbtraum verfolgt mich über Jahre. Erst, als ich mir als Erwachsener mit Hilfe biblischer Traumdeutungsmethoden den Albtraum deute, verliert er seine Kraft und verschwindet.

*

Ich muss auf meiner langen Entdeckungsreise nach der ältesten Tochter der Religion, der Magie, warten, bis ich ins Pfarramt einrücke.

Dharma ist längst wieder in England, da werde ich an das Sterbebett einer alten Frau gerufen. Eine einfache Frau, hellwach. Sie hat zeit ihres Lebens ihre große Familie geführt. Ihr Mann, ein Bergmann wie fast alle hier, starb früh. Jetzt scheint sie ihm folgen zu müssen.

Ich habe mit der Nachbarin, die nach ihr schaut, verabredet, dass ich am späten Nachmittag komme. Sie soll die Tür nur anlehnen, damit ich reinkommen kann. So sind wir wahrscheinlich allein, die Sterbende und ich. Ich klopfe an die Wohnungstür.

»Frau Kruse? Ich bin es, der Pfarrer!«

Ich lausche. Von drinnen kommt eine schwache, aber doch klare Antwort.

»Kommen Sie rein! Gleich die erste Türe rechts, da ist das Schlafzimmer.«

Ich schließe die Haustür hinter mir und gehe zwei, drei Schritte im Wohnungsflur entlang, dann ist rechts die Tür zu ihrem Schlafzimmer, wie sie gesagt hat. Sie ist ebenso leicht angelehnt.

Ich schiebe die Tür auf. Vor mir das Bett der Frau. Und sie liegt tief in den Kissen. Mein erster Eindruck: Ja, sie wird sterben. Es dauert nicht mehr lang.

Die Nachbarin erzählte mir, dass Frau Kruse gerade in den letzten Tagen immer wieder nach Wasser verlangt habe. Ein deutliches Zeichen, dass der Tod schon im Haus ist. Die Tibeter mit ihrer Toten- und Sterbekultur haben diese und andere Beobachtungen gemacht und lehren sie den Sterbebegleitern.

Da reißt mich Frau Kruse aus meinen Gedanken. Ich bin offenbar zu weit ins Zimmer getreten. Denn sie versucht, sich in ihren Kissen aufzurichten und ruft: »Herr Pfarrer, bitte, ich kann Sie nicht richtig sehen, gehen Sie bitte vom Fußende weg. Da stehen schon zwei.«

Was sagt sie da? Wir sind mutterseelenallein in ihrem Zimmer. Ist sie nicht richtig bei Verstand? Wer soll denn da an ihrem Fußende stehen? Da stehe nur ich.

»Weg, weg, weg«, sagt sie und lädt mich mit ihrer Rechten ein, an die Seite des Bettes zu treten. Ihre Augen blinzeln, suchen, strengen sich an. Sie sieht offenbar etwas, was ich nicht sehe. Ich komme ihrer Bitte merkwürdig berührt nach. Ob ich sie fragen darf, wer denn da steht? Das würde ja bedeuten, dass ich davon ausgehe, dass da niemand steht. So klug und helle ist Frau Kruse auf jeden Fall noch, dass sie merken würde, wenn ich sie für verrückt hielte.

Ich wage es trotzdem. Ich will es wissen. Der Ansatz eines Schauers läuft mir über den Rücken.

»Vielen Dank für Ihre Hilfe. Ich wollte Sie auch nicht stören mit Ihrem Besuch. Ich dachte, wir wären allein. Und nun sagen Sie, dass da noch zwei sind, die ich nicht sehen kann. Wer ist denn noch da?«

»Na, die zwei Vögel. Sie sitzen auf dem Bettrand.«

»Zwei Vögel?« Merkwürdig, auf einmal nehme ich sie ganz ernst. Die ist nicht verrückt. Ihre Stimme ist klar, ihre Augen sind klar, ihre Abweisung war klar und ihr Lächeln, das ich jetzt wahrnehme, ist auch klar. Sie sieht sie wirklich. Jetzt auf Distanz zu gehen hieße, dass ich sie verliere. Ich würde nie und nimmer noch einmal an ihre Seite kommen. Vielleicht sieht man im Angesicht des Todes wirklich mehr als im Angesicht des Lebens. Oder man sieht etwas anderes. Wer weiß das denn schon so genau?

Gehört hab ich darüber bis dato nichts. Und wenn mir in diesem Augenblick etwas von »Totenvögeln« dämmert, dann kommt dieses Wissen von dem, was ich von ägyptischer Kultur weiß. Aus dem Alten Testament steigt das Bild von den Raben auf, die Elia halb tot in der Wüste finden und ihn in ein neues Leben bringen. Oder unsere Märchen. Da gibt es sie natürlich. Die schwarzen Raben auf den Schultern der Hexe, die sieben Raben, die Raben, die so gerne in der Nähe einer Mühle wohnen.

Leben und Sterben. Mehr weiß ich eigentlich nicht. Aber vielleicht weiß Frau Kruse mehr? Ich stehe neben ihrem Bett und warte geduldig, dass sie vielleicht noch mehr sagt.

»Sind sie noch da, die Vögel? Oder habe ich sie gestört?«

Sie schüttelt leicht abweisend den Kopf. Als wenn ich in ein anhaltendes Gespräch eingebrochen wäre. Ein unhörbares Gespräch. Von Geist zu Geist, der bei ihr schon durch Haut und Haare hindurchzuschimmern scheint.

Als sie mir langsam den Kopf zudreht, weiß ich, dass die Begegnung der Sterbenden mit ihren Totenvögeln zu Ende ist. Sie lächelt.

»So, nun sind Sie dran, Herr Pfarrer. Schön, dass Sie mich besuchen kommen. Nehmen Sie doch Platz. Da am Fenster, der Stuhl, ziehen Sie ihn sich ans Bett.«

Keine Spur von Verwirrung. Sie ist so gütig und fürsorglich wie immer.

»Danke.«

Ich gebe ihr die Hand und lasse ihre in meiner langsam auf den Bettrand sinken. Wir schauen uns an. Schweigend.

Wir wissen beide, dass es der Augenblick des Abschieds ist. Mein Daumen streichelt ihren Handrücken. Ob ich noch nach den fremden Wesen fragen kann?

»Danke, dass ich dabei sein konnte.«

Sie nickt.

»Hatten sie eine Farbe?«

Ich traue mich nicht einmal, »Vögel« zu sagen. So komisch kommt es mir immer noch vor. Oder besser: So komisch kommt es mir wieder vor, nachdem dieser mystische Augenblick zu Ende ist.

»Schwarz.«

»Und?«

»Sie sind gekommen, um mich zu meinem Mann zu bringen.«

Ich nicke: »Das glaube ich auch.«

Bei der Beerdigung von Frau Kruse singen wir:

»Der Wolken, Luft und Winde,
gibt Wege lauf und Bahn,
der wird auch Wege finden,
da dein Fuß gehen kann.«

Verrückt! Verrückt, dass ich beim nächsten Pfarrertreffen nicht davon erzählen kann. Die Kollegen lachen sich halb tot, wenn ich damit anfange. Die reden lieber darüber, ob man auch für das Fahrrad eine Kilometerpauschale abrechnen darf. Derweil bringen ein paar treue Frauen aus der Frauenhilfe selbst gebackenen Streuselkuchen und zu starken Kaffee. Wir singen: Lobe den Herrn!

Also bleibt es vorerst mein Geheimnis. Aber ich werde Acht geben, ob von irgendwoher mehr zu erfahren ist. Lesen will ich darüber nichts. Meine Legasthenie spielt mir zeitlebens einen Streich. Ich muss es selbst erfahren.

Gibt es die Boten aus der anderen Wirklichkeit? Die Kollegen müssten es doch wissen. Schließlich stehen wir alle miteinander Woche für Woche an den Betten von sterbenden Menschen. Was haben die schweigenden Brüder da erlebt? Nichts?

Wenigstens nicht viel. Oder sie fürchten sich vor dem Spott der anderen. Aber vielleicht erlebt man erst dann etwas, wenn die eigene Seele, das eigene Herz offen ist. Wenn man also nicht als Profi daherkommt und als Zeremonienmeister die Trauernden begleitet. Was erleben denn die Pfarrer, wenn sie selber trauern, weil der Vater oder die Mutter oder das Kind geht? Wo Schluss ist mit Profi? Das verbergen sie genauso. So wie ein gleichaltriger Kollege, der erst hunderte von Kilometern von seinem Pfarrsprengel weg sein musste, um den Mut zu fassen, seine Begegnung der dritten Art, jenseits der biblischen Stoffe, zu erzählen.

Sein Vater war gestorben. Und er fährt mit seinem kleinen Sohn ans Meer. Warum er ausgerechnet ans Meer fährt, kann er nicht sagen. Mir fällt nur auf, dass Trauernde oft ihren Trost am Meer suchen. Ist es vielleicht das Gefühl der Ewigkeit, in das der Verstorbene eintaucht? Das ewige Auf und Ab der Gezeiten? Die Unendlichkeit des Horizonts? Ist es das? Es spricht einiges dafür. Auch, dass er seinen kleinen Sohn mitgenommen hat. Er sucht noch einmal die Begegnung der beiden Generationen, die durch ihn, der Vater und Sohn zugleich ist, verbunden werden. Eine Begegnung der Gehenden und Kommenden.

Und so ziehen die beiden am Strand entlang, ziehen sich die Schuhe aus, reden nicht viel. Als wenn der Kleine merkt, dass Papa nicht nur mit ihm unterwegs ist.

Gedankenverloren. Aber gedankenverloren heißt ja nur, dass die Gedanken woanders sind.

Die Schuhe in den Händen, suchen ihre Augen den Strand nach ein paar schönen Muscheln ab. Irgendwas wird die letzte Flut doch angeschwemmt haben.

»Papa, guck mal, eine grüne Perle!«

»Sieht toll aus.«

Soll er dem Jungen sagen, dass es nur der Rest einer Glasflasche ist, die das Wasser mit den Jahren rund geschliffen hat?

»Steck sie ein. Wahrscheinlich ist sie von einem Schatz. Komm, wir suchen weiter.«

Ein paar hundert Meter weiter hat die Flut der letzten Nacht wohl ein Stück dunklen Baumstamm auf den Strand geworfen. Und sie laufen darauf zu. Aber je näher sie kommen, desto vorsichtiger werden die Schritte des Vaters.

»Das ist kein Baumstamm. Das ist ein Tier. Eine Robbe!«

»Eine Robbe?«

»Ja, los, aber vorsichtig! Nicht, dass sie weghoppelt.«

Jetzt sind es vielleicht noch fünfzig Schritt. Hat die Robbe sie nicht bemerkt? Warum bewegt sie sich nicht? Da fällt dem Vater auf, dass das Tier ausgestreckt auf der Seite liegt. Die Robbe ist tot.

»Ich glaube, die Robbe lebt nicht mehr.«

»Ist sie tot?«

»Glaub schon.«

Vorsichtig gehen sie die letzten Schritte. Tatsächlich, sie ist tot. Ein Tier von einem guten Meter Länge. Andächtig bleiben die beiden vor dem Kadaver stehen.

»Sie ist jetzt da, wo Opa ist, nicht, Papa?«

Der Vater nickt stumm. Dann tippt er mit dem Fuß ein wenig gegen den Tierkörper. Ein letzter Test vielleicht, ob das Tier wirklich tot ist. Anfassen will er es nicht. Die tote Robbe dreht sich ein paar Zentimeter zurück auf ihren Bauch. Aber was ist das? Unter der Robbe liegt ein Kiesel. Ein gelber Kiesel mitten im feinen Sand.

Merkwürdig. Der Vater bückt sich, um ihn aufzuheben, während sein Sohn ihn von dem Leichnam wegziehen will. Aber der Stein ist kein Kiesel. Es ist Bernstein. Ein Bernstein, so groß wie eine flach gedrückte Pflaume.

»Was ist das, Papa?«

»Das ist Bernstein.«

»Ist das auch von dem Schatz?«

»Nein. Es ist altes Harz von einem uralten Baum. Es liegt schon eine Ewigkeit im Meer.«

Jetzt hocken die beiden in den auslaufenden Wellen und waschen den Stein. Ein Prachtexemplar. Und der Vater schaut zum Horizont. Da, wo der Himmel die Erde berührt.

»Mein Vater, ist es Kitsch, dass ich das Gefühl habe, dass

du mir den Stein schickst? Ist es Zufall, dass ich hier einen riesigen Bernstein finde? Gerade dann, wenn ich dir noch einmal mit meinem kleinen Sohn begegnen will? Darum bin ich doch gekommen. Und jetzt schenkst du mir den Stein. Als ein Erbe? Als etwas, was ich nie verlieren muss, wo ich dich eben erst verloren habe? Als etwas, was ich bei mir tragen kann, wo ich eben noch dachte, leer und alle zu sein? Und dann die tote Robbe ...«

Der Mann lächelt, schluckt, kämpft mit den Tränen. Dann sagt er nur: »Komm, ich glaube, wir gehen nach Hause. Mama wartet.«

Wir waren mehrere Kollegen, die ihm zugehört haben. Da ist keiner, der lacht. Als wenn der ein oder andere von uns auch mit solchen Geschichten aufwarten könnte. Aber warum erzählen wir sie uns nicht?

Okay, die Sache mit der Robbe spricht dafür, dass die andere Wirklichkeit über Humor verfügt. Und das langsam wachsende Vertrauen unter uns Kollegen spricht dafür, dass die mich jetzt auch nicht auslachen. Denn meine Abschiedsgeschichte mit meinem Vater hat ähnlich komische Züge.

Das ist zwanzig Jahre her. Wir Kinder und Enkelkinder sitzen mit unserer Mutter in der Aussegnungshalle auf dem Friedhof. Vor uns der schwere Sarg unseres Vaters. Schlohweiß liegt er darin. Ich habe ihn noch einmal besucht, bevor der Deckel auf seinen Sarg geschraubt wurde. Der schlohweiße Mann, mein Vater! Es ist das letzte und mächtigste Bild, das mein Herz von ihm aufbewahrt. Und all die Geschichten, die ihm weiße Haare machten, zogen an mir vorbei.

Ich muss bekennen, der Pfarrer, der nun die Halle betritt, interessiert mich nicht. Ich kenne ihn von diversen Begegnungen. Und ich verstehe, dass fast alle Menschen nicht wegen des Pfarrers in die Kirchen kommen, sondern trotz des Pfarrers.

Meine Gedanken sind bei meinem Vater. Ich sitze in der zweiten Reihe. Wir sind schließlich eine große Familie. Sechs Kinder und Schwiegerkinder, die Enkel. Vor mir mein ältester Bruder. Sozusagen der Stammhalter. Und während die Lieder und Psalmen bei mir in ein Ohr hineingehen, um auf der anderen Seite wieder zu verschwinden, gehen meine Augen auf Suche. Nein, nicht von sich aus. Meine Frau hat mich heimlich angestoßen. Und meine Ohren haben eben nicht nur die Psalmen und Gebete des Pfarrers gehört. Sie empfangen ein aufdringliches Summen. Eine dicke Fliege, ein richtiger Brummer hat sich in die Kapelle verirrt. Wirklich nur verirrt? Vielleicht auch nicht. Vielleicht wittert er Nahrung. Fliegen können besser riechen als Menschen. Meine Frau und ich schauen uns an: Eine Fliege bei einer Fliegenbeerdigung! Okay, das mag in dieser Jahreszeit ziemlich normal sein. Aber dann müsste sie zu den Blumen fliegen oder mit Verlaub auch zu dem Sarg und seinen möglichen Düften. Aber genau das tut sie nicht. Einen Meter vor unseren Augen umkreist sie den Kopf meines ältesten Bruders. Wieder und wieder.

Penetrant! Man kann doch jetzt nicht während der Trauerfeier nach einer fetten Fliege schlagen!

Ich schlage nie wieder danach.

Vater ist tot. Und heute haben wir ihn begraben. Die ganze große Familie und die halbe Stadt. Er liegt da, wo schon vor gut dreißig Jahren sein Vater begraben wurde. Opa Wilhelm, der sich die Sargbretter selber aussuchte. Und seine Mutter, Oma Berta.

Wird hier eines Tages auch unsere Mutter liegen? Wahrscheinlich! Merkwürdiges Gefühl. Warum ist es mir nicht egal, ob mein Vater irgendwo verscharrt oder in einer würdevollen Zeremonie begraben wird, an der die halbe Stadt Anteil nimmt? Kann sich die Anerkennung für einen Verstorbenen auf die Lebenden übertragen? Oder ist es wieder einmal der oft verachtete Trost, der Beistand der anderen Menschen, der in den Krisen des Lebens Leben spendet?

Wir hängen mehr zusammen, als wir ahnen. Die Familien, die Sippen, die Cliquen, Vereine und halbe Städte. Wir sind Stämme geblieben. Nicht weit weg vom Wolfsrudel.

»Komm, gehen wir nach Hause.«

Ich suche die Hand meiner Frau und halte mich fest.

Trauern ist anstrengend. Erst recht an einem heißen Junitag. Ich spüre so etwas wie Muskelkater in den Kiefergelenken. Trauer verkrampft auch. Und die Tränen, die alles auflösen könnten, die wären wohl weniger angebracht im Angesicht der anderen.

»Gehen wir nach Hause!«

Das ist ja auch nicht irgendeines. Es ist mein Vaterhaus. Eher Vaterhaus als Mutterhaus. Das wird jetzt ganz deutlich. Es ist sein Haus, sein Garten, seine Aura, seine Gewalt. Es ist sein Ort auf Erden, in dem wir still sein mussten, wenn er schlief. Und still sein wollten, wenn er wach war. Es ist sein Haus mit seinem Tisch, an dem wir montags Kartoffeln in die Sauce drückten, während er den Sonntagsrest Fleisch aß. Es ist der Ort unserer Familiendramen und Tragödien. Und es ist der Ort unserer trotzdem seligen Kindheit. Weihnachten vor der Wohnzimmertür, Schwimmen lernen im ersten kleinen Pool der kleinen Stadt.

Da gehen wir jetzt hin. Wir gehen nach Hause. Als wollten wir unseren Vater dort noch einmal treffen. Vaters Haus! Männer setzen so gerne Denkmäler aus Stein und Eisen und Beton in die Welt. Er wohl auch. Männer glauben an merkwürdige Formen von Ewigkeit.

Es ist eine Spurensuche nach unserem Vater in seinem Garten, auf seinem Rasen, unter seinen Bäumen.

Doch das ist auch der Ort, den wir fürchteten. Wir Kinder sahen nicht, dass es auch Vaters Meditationsort war. Männer ab der Lebensmitte reden eher mit Pflanzen als mit Menschen. Sie entdecken die Stille als zukünftige Herausforderung. Und leider auch das Unkraut. Warum müssen eigentlich Kinder immer Unkraut rupfen?

Da sitzen wir nun unter dem Pflaumenbaum. Der Schatten tut gut. Und ich schaue mich um. Familientreffen! Vielleicht ist es das letzte Mal, dass wir uns in dieser Vollständigkeit sehen. Und sicher ist, dass wir selten liebevoller und zärtlicher miteinander sein werden als hier und jetzt. Trauern macht zärtlich. Man sieht die Wunden und Verletzungen der anderen. Und die eigene spiegelt sich darin. Nie ist man so offen im Leben, wie jetzt, wo man Vater, Mutter, Geschwister oder Kinder verliert. Wir reden nicht viel.

Der Himmel ist immer noch ohne jede Wolke. Da fliegt auf einmal eine Amsel in die Krone unseres Pflaumenbaumes. Merkwürdig! Es ist ein Männchen. Schwarze Federn, gelber Schnabel. Alle sehen ihn. Kaum, dass er oben bei uns Platz genommen hat, fängt er an, sein Lied zu singen. Er singt sein Regenlied. Ich kenne es. Großvater Eugen hat es mir beigebracht. Das Lied, hat er damals gesagt, bringt Regen. Meistens wird man auf das Regenlied der Amseln aufmerksam, weil die übrige Natur still wird. Die Ruhe vor einem möglichen Sturm.

Doch heute ist kein Sturm. Da ist nur blauer Junihimmel. Und eine einzelne Amsel, die ein Regenlied singt. Und wir, die Familie, die ihren Vater verloren hat, wir werden still. Unsere Mutter und wir Kinder, so unterschiedlich wir sind, fromm oder nicht, wir schauen in die grünen Zweige des Pflaumenbaums und lauschen dem Gesang unseres Vaters. Er singt für uns das Abschiedslied. Wir haben es alle so erlebt. Und meine Mutter erinnert sich heute noch an den schwarzen Vogel. Während sie die sonstige Zeremonie, sei sie kirchlich oder rein gesellschaftlich, vergessen hat.

Ich nicht. Ich vergesse nicht und will auch nie vergessen, welches Lied er auf seiner Beerdigung gesungen haben wollte. »Nun, danket alle Gott!« Wir haben es gesungen. Und unsere Tränen flossen. Sicher hat er sich das für sich gewünscht und damit der Geheimniskrämerei seines eigenen Lebens selbst ein Ende gesetzt. Er wusste offenbar, was das Ziel eines Menschenlebens ist: Sein Leben annehmen! Er hat es mir nie gesagt. Er hat es mir nie gezeigt.

War ich damals schon so weit, es genauso zu formulieren, wie ich es seit Jahren nicht müde werde vorzukauen? Ein frommes Leben führen heißt, das Leben wie ein Geschenk zu leben. Nichts haben wir verdient, weder das Leben noch den Tod. Es ist alles ein Geschenk. Und selbst, wenn sich eines Tages herausstellen sollte, dass es das eben nicht war, dann ist diese Sicht des Lebens so wahr wie die alten Seekarten der Antike. Sie waren falsch, wie sie nur falsch sein konnten. Aber sie brachten die Seefahrer durch alle Stürme und Klippen und wieder nach Hause. Mehr braucht kein Mensch. Und mehr gibt es auch nicht.

Noch einer hat unsere Familien-Begegnung mit der Amsel nicht vergessen. Die Amsel. Denn als wir unser erstes Töchterchen bekommen, da verirrt sich ein junges Amselküken auf unsere Veranda. So jung wie unsere Tochter. Vor ein paar Tagen erst das Licht der Welt erblickt. Vater und Mutter Amsel füttern draußen ihr Kind.

*

Solche Geschichten erzählt man nicht unter der Pfarrerschaft am Niederrhein. Freundlich, aber bestimmt bekommt man die Empfehlung, dass man sich in diesem Beruf leicht übernimmt und ein paar Tage Urlaub gerade recht wären. Was hätten sie nur zu dieser Geschichte gesagt?

Ein Pfarrer, der seine Totensonntagspredigt schreibt, sieht, wie sein längst verstorbener Vorvorgänger im Amt sich durch die Bücherwand materialisiert, ihm beim Schreiben über die Schulter schaut und still ermutigt. Genau das hat ein leitender Geistlicher mir und anderen Vertrauten erzählt.

Unmöglich? Ein Märchen? Oder Magie?

Es ist in einem alten Pfarrhaus. Das scheint für diese Begegnung nicht unerheblich zu sein. Einen alten Bratenrock hat der Verstorbene an. Denselben Rock, mit dem er in der Sakristei in Öl verewigt worden ist.

Betrunken ist der jetzige Amtsinhaber nach eigenem Bekenntnis nicht. Das versichert er mir später.

Es ist weit nach Mitternacht. Er schreibt und schreibt an seiner Predigt, kommt aber nicht sonderlich zügig voran. Durch die Wand von hinten tritt sein Vorvorgänger an ihn heran. Ganz plötzlich. Spürbar, aber nicht hörbar. Er schaut über die rechte Schulter auf seinen Predigtentwurf und befindet ihn für gut. Ohne ein Wort zu sagen.

Furcht habe er dabei nicht empfunden, sagt mein Kollege später. Keinen Augenblick. Wie lange es im Ganzen gedauert habe, könne er nicht sagen. Nur, dass es so wa(h)r. Und eine Erklärung habe er auch nicht. Die würde er aber nötig haben, wenn er sein Erlebnis seinen ihm unterstellten Amtsbrüdern erzählt. Und erst recht, wenn er sich seinen Kollegen in der Kirchenleitung anvertraut. Darum schweigt er. Der Verrat der anderen Wirklichkeit geht durch alle Kirchenkreise.

Ich lache nicht, als er mit der Geschichte geendet hat. Von Spott bin ich meilenweit entfernt. Es könnte sein, dass ich in ihm einen erfahrenen Geistlichen gefunden habe, der einen Landgerichtspräsidenten versteht, zu dem der Vater im Himmel sprach. Auch diesen Mann lachte ich nicht aus. Hätte ich es getan, dann höchstens, weil er so naiv war, es den Kollegen Juristen zu erzählen.

Der Richter sitzt in meiner Fernsehsendung. Weniger, weil zu ihm der Himmelsvater geredet hat. Das weiß ich gar nicht. Nein, er ist gekommen, um mir von seiner homosexuellen Begabung zu erzählen, die er erst in den späten vierziger Jahren seines Lebens entdeckt hat.

Den Herren Richtern und Kollegen ist zwar seine etwas andere Art aufgefallen. Aber gesagt haben sie nichts. Ungewöhnlich ist es schon, dass er gerne mit hautenger Lederbekleidung auf dem Motorrad ins Amt braust. Man ist schließlich nicht in Berlin!

Erst als seine Frau sich von ihm scheiden lässt und die Gründe nicht mehr zu verheimlichen sind, nickt man allwissend in die Runde. All das könnte sich hinziehen bis an die Pensionsgrenze. Aber das tut es nicht.

Der Landgerichtspräsident fährt mit seinem Bruder in dessen Wagen übers Land. Da passiert es. Ein großes Glücksgefühl überkommt ihn. Er sitzt auf dem Beifahrersitz und kann es nicht fassen, dass er lebt. Er kann nicht fassen, was er alles durchgemacht hat, ohne großen Schaden zu nehmen. Er ist dankbar, dass er trotz seiner homosexuellen Neigung Kinder gezeugt hat und ist einfach glücklich.

Was ist das für eine fürchterliche Kindheit gewesen. Pfarrerssohn! Und so fromm und so eng, dass er Jahrzehnte nicht gemerkt hat, dass er eigentlich schwul ist.

Jetzt ist er frei und es ist raus. Und er ist glücklich.

Die Frau, mit der er all die Jahre verheiratet war und für die er sich in den letzten Jahren kaum interessiert hat.

Schuldig müsste er sich fühlen, wenn sie nicht einen Freund gefunden hätte. Gott sei Dank! Alles ist gut geworden.

Und der Gott, von dem sein Vater und die ganze Kirche immer so eng und moralisch gepredigt haben, er ist ihm auf einmal ganz nah. Ja, er spricht mit ihm. Er sagt, dass es ganz okay sei mit seiner Homosexualität.

Mehr nicht. Nur dieses eine Mal, an diesem Nachmittag im Norddeutschen, spricht er zu ihm. So wie er in der Bibel eben zu den Menschen Palästinas sprach, so sprach er jetzt eben mit einem aus Deutschland. Mehr nicht!

Und dann ist es aus ihm herausgebrochen. Vor Glück! Sein Herz ist wegen dieser Begegnung voll gewesen. Übervoll. Dann erzählt er von dieser Gottesbegegnung auch im Landgericht. Und das, genau das, habe sein Karriere beendet. Schwul sein geht. Gott sei Dank! Endlich! Aber fromm sein geht nicht. Da ist der Amtsarzt vor.

*

»Fliege, sind Sie es selbst?«

»Ja, warum?«

»Pfarrer Fliege? Ehrlich?«

»Sicher doch. Warum fragen Sie?«

»Ist doch egal. Hauptsache, Sie sind es. Stör ich Sie?«

»Wieso, weil es schon auf Mitternacht zugeht?«

»Ja! Aber ich dreh hier durch. Im Aquarium schwimmt der Kopf meines Mannes!«

Eine Frau. Spinnt die?

Will die sich irgendeinen Witz mit mir machen? Irgendeine Bridgerunde lacht sich in der Sofarunde einen ab, weil der Pfarrer hochgenommen wird. Oder doch nicht?

»In echt?«, frag ich ein bisschen im Jargon, um nicht ganz ernst zu erscheinen.

»Nein, nicht in echt, das ist es ja! Mein Mann wohnt ja gar nicht mehr bei uns. Aber jeden Abend schwimmt sein Kopf in unserem Aquarium. Ich werde verrückt!«

Also doch! Wenn auch kein Bridgeclub, dann eben betrunken.

»Nun glauben Sie ja nicht, ich wäre betrunken, Fliege. Ich bin stocknüchtern. So nüchtern, wie man nur sein kann. Und ich sage Ihnen, wer ich bin und wo ich wohne. Dann können Sie ihn selber sehen. Sagen Sie, Herr Pfarrer, glauben Sie an Geister?«

Ich bin hellwach trotz der Uhrzeit. Merkwürdig! In den letzten Wochen waren immer wieder Menschen zu mir in die Sprechstunde oder wie in diesem Fall ans Telefon gekommen. Immer mit ein und derselben Frage: Geister, Spuk. Teufel, Dämonen: Gibt es die wirklich?

In den ganzen Jahren zuvor gab es nicht einen, der wollte, dass ich irgendwas unternehme, um bei ihm zu Hause Geister auszutreiben. Irgend so etwas schien mir jetzt schon wieder zu blühen.

Geister! Was meint die Frau wohl damit?

Von Spuk hat sie ja nicht gesprochen. Poltern und so. Und verrückt ist einer noch lange nicht, bei dem es zu spuken scheint. Wenn man sich den Menschen genau anschaut, der von solchen Spuk- und Poltergeschichten glaubhaft erzählt, steckt oft genug eine überspannte Persönlichkeit dahinter. Als wenn der Blitz, der in das Leben eines Menschen eingeschlagen hat, im wahrsten Sinne des Wortes überspringen könnte auf seine Umgebung.

Die Nerven liegen blank. Kurzschluss ist die Folge.

Aber so klingt die Frau nicht. Da ist mehr Entsetzen in der Stimme. Mehr Schrei als Schock! Eher psychotisch.

Okay, das ist momentan noch ihr Problem. Mein Problem ist jetzt, warum sie die vierte, fünfte Person ist, die mich wegen solcher Geistergeschichten anruft? Ohne dass die eine oder der eine etwas von dem anderen weiß. Nicht zuletzt deshalb, weil ich auch aus Selbstschutz auf eine große Verschwiegenheit poche. Also, was kommt da zwischen Himmel und Erde auf mich zu, ohne dass ich es verstehen kann?

Wenn ich mir einen Reim drauf machen sollte, warum solche Anrufe vermehrt kommen, dann gibt es für mich nur eine Antwort: Weil ich in den letzten Monaten ein bisschen trainiert habe, den Geistern begegnen zu können.

Wie ein Kind habe ich mich gefragt, wen denn die Leute in der Kirche rufen, den man nicht sehen kann und auch nicht sehen wird. Denn sie rufen doch: Jesus, Maria, Josef, heiliger Florian, heiliger Antonius. Und keiner von den Gerufenen ist doch zu sehen.

Da habe ich noch einmal von vorne angefangen in Sachen Theologie und Religion und kindlich gefragt und kindlich geantwortet.

Sie reden in den Kirchen mit Geistern. Amen! Denn wenn man mit jemandem spricht, den es nicht sichtbar gibt, dann ist es ein Geist. Den mag man nennen, wie man will. Jesus, Maria, Josef! Aber Geist ist Geist. Und wo es einen gibt, gibt es auch mehrere. »Tertium non datur!« So steht das lateinisch in den dicken Büchern der theologischen Bibliotheken des Mittelalters. »Etwas Drittes kommt nicht in Frage«. Denn logisch ist die Theologie. Aber das könnte auch ihr Gefängnis sein.

Ich muss sie kennen lernen, die Geister. Und da spüre ich, dass sie mich schon seit meiner Kindheit gerufen haben könnten. Nie bin ich so gerne zur Kirche gegangen wie dann, wenn die Wanderprediger kamen und der vollen Kirche ihre Gruselgeschichten voller Geister und Dämonen präsentierten. Kein Räuspern war mehr zu hören. Wer macht schon gerne die Geister auf sich aufmerksam und stört ihre Ruhe mit Hustenanfällen? Man muss leise sein, um den leisen Geister zu begegnen. Aber getraut habe ich mich bis heute nicht. Die Warnungen der Wanderprediger sitzen immer noch unter meiner Haut. Also, was soll ich machen?

Wenn es sie gibt, dann ist es nur gut, dass ich sie kennen lerne. Wenn es sie nicht gibt, ist wenigstens Klarheit gewonnen. Das ist logisch. Das Einzige, was mich jedoch bei diesen logischen Gedanken zunehmend stört, ist, dass die Geister sich vielleicht nicht daran halten könnten. Schließlich scheinen sie ein Stück freier zu sein als wir. Ich muss sie kennen lernen. Schließlich bin ich einer, der beruflich zwischen den Welten hin- und herpendeln soll. Da ist Erfahrung wichtiger als jedes Buch.

Also fahre ich mit meiner Frau nach Berlin, wo die Indianer sind. Wenigstens ein paar. Die die Ausrottung überlebt haben. Und jetzt von den Alternativen dieser Welt herumgereicht werden, um archaische Rituale weiterzugeben. Vorzugsweise natürlich Medizinmänner und -frauen. Von denen will ich wissen und erfahren, ob es Geister gibt.

Es gibt sie! Warum auch nicht? Die Bibel ist voll davon.

Wochen und Monate sitze ich da und singe indianische Lieder. Und ich trommele. Alles nach einem bestimmten Ritual. Das Ergebnis ist enttäuschend.

Nichts passiert. Mist! Oder kennen mich die Geister schon so gut, dass sie mich ungeduldigen, vorlauten Menschen wieder auf die Probe der Geduld stellen? Irgendwie unheimlich ist es schon. Meine Frau spürt das so wie ich und beschließt, das Trommeln einzustellen.

Und so ist sie zu Hause, als sich auf einmal Bilder in meinem Kopf festsetzen, die ich kenne. Ich träume nicht. Ich bin ganz wach. Um mich herum der Raum, die Trommel. Ich auf dem Boden. Und doch sehe ich den Wald, den hellen Lehmweg in der Mitte. Tannen rechts und links. Und dann der Hirsch, der von links aus dem Wald tritt. Vielleicht fünf, sechs Meter entfernt. Majestätisch wendet er seinen mächtigen Kopf mit dem Geweih mir zu.

Genau so habe ich auf ihn gewartet. Genau so! Der indianische Medizinmann hatte es mir vor Wochen prophezeit.

Der Hirsch nickt mir zu. Mehr noch. Da ist so etwas wie: Ich habe hier auf dich gewartet. Es ist gut, dass du nicht aufgegeben hast, nach mir zu rufen. Jetzt weißt du, dass es mich gibt. In Zukunft sei ohne Sorge. Wir sind dir nahe. Du kannst rufen.

All das sagt er nicht wirklich. Es geht von Kopf zu Kopf. Es ist eher wie ein großes Einverständnis. Wortlos. Außerhalb der Zeit. Und dann nickt er mir wieder zu wie am Anfang und geht als König zurück in die »Kulissen« der Wälder.

Auftritt vorbei.

Eine Szene, die ich sicherlich bald wieder vergessen hätte, wenn ich sie nicht genau sechs Wochen später in den Wäldern der Hocheifel real erlebt hätte. Genau so. Und einen Zeugen habe ich auch.

Es gibt sie also, die Hellseherei, die Wachträume, die Visionen, die Bilder aus der anderen Wirklichkeit mit ihren Botschaften. Mal verschlüsselt, mal unverschlüsselt und direkt. Es gibt sie, die Traumwelt.

Einstiege in diese Welt gab es in biblischen Zeiten genug. Die Bibel ist voll davon. Einstiege gab es zu allen Zeiten in allen Kulturen. Bei den Pueblo-Indianern Nordamerikas sind sie noch frisch. Bei den Aborigines in Australien leben sie noch. Und bei den Senoi-Stämmen in Südostasien gehören sie sogar zum Familienritual. Es gibt sie!

Bei diesem indianischen Schamanen in Berlin lerne ich, mir in kritischen Situationen eine Messa zu legen. Gegenstände, die mich an mein »erfolgreiches« Rufen und Beten erinnern. Die ich vor mir ausbreite wie einen Tisch im Angesicht meiner Feinde. Ich muss das Gefühl und die Erinnerung haben, dass das Rufen und Beten etwas nützt. Beten ist so flüchtig. Flüchtiger als Spiritus.

Als ich die Dorfstraße hinuntergehe, um die zitternde Frau mit der Wahnvorstellung aufzusuchen, ist Mitternacht schon vorbei. Ich hätte auch bis morgen warten können. Aber wer kann schon mit Ruhe den Telefonhörer beiseite legen, wenn am anderen Ende sich jemand zu Tode ängstigt.

Verrückt! Der November steht vor der Tür. Es ist kalt. Mich fröstelt. Oder zittere ich? Ich sollte mir einen Mantel kaufen.

Wenn mich jetzt mein Bischof sehen könnte! Er würde mich zwar nicht feuern, weil wir uns beide wie Vater und Sohn lieb haben. Aber er würde sagen: Eh, bist du verrückt? Was willst du mit dem Rosenkranz in der Tasche? Was machst du mit der Kerze? Und was soll die alte große Fischgräte in dem Seidentuch? Wozu der Salbeisamen?

Und ich würde sagen: Peter, oder besser, lieber Peter, mein Bischof, sieh doch, dass ich auch meine Bibel mitgenommen habe. Bibel, Rosenkranz, mein Salbeisamenbeutel und die Fischgräte, all das sind Erinnerungen an Rettungs- und Heilungsgeschichten in meinem Leben. Was hilft mir ein Gott, der vor zweitausend Jahren Menschen heilte, wenn er nicht in dieser Nacht mitten in meinem Leben Menschen heilt? Nichts!

Ihr großen theologischen Lehrer habt uns ja nicht beigebracht, wie man mit Engeln und Dämonen umgeht. Ihr habt augenzwinkernd immer nur gesagt, dass es das alles nicht gibt. Es seien nur Symbole, Bilder, Wörter. Aber es könnte doch auch sein, dass ihr sie mit eurer Ironie auf Distanz gehalten habt?

Aber hier, Peter, jeder Gegenstand ruft bei mir eine Wunder-Geschichte wach. Da war ich selbst dabei. Ich werde sie vor mir ausbreiten wie eine Messa, ein Tischtuch auf dem Boden. Und ich werde beten, beten, beten. Worauf du dich verlassen kannst.

Mein Bischof würde nicht laut werden. Er kommt aus Niederschlesien, wo an den Hängen des Riesengebirges die Seelen der Menschen voll sind von außerordentlichen Erfahrungen. Er wäre nachdenklich. Er würde in sich hineinhören. Da schien mehr Tiefe zu sein. In ihm würde seine eigene spirituelle Erfahrung hochkommen. Die war dämonisch genug. Und die hat er bis heute unter Jesu Kontrolle.

Aber kleine Gegenfrage, mein liebster Bischof: Wann hast du denn schon einmal den Teufel oder Geister ausgetrieben? Ich weiß doch genau, wie wir uns lustig gemacht haben über einen Kollegen, der nicht einmal die Zeitung Pardon lesen wollte, weil darauf vorne ein Teufelchen abgedruckt war.

Auf den Universitäten lernt man das Teufel- oder Dämonenaustreiben nicht mehr. Ich habe es von einem Indianer gelernt. Und jetzt gehe ich mit vollen Hosen im doppelten Sinn und trau mich. Der Vater im Himmel helfe mir, Amen!

Eine Stunde später, gegen halb zwei, sitze ich auf dem Teppich im Wohnzimmer der Anruferin. Vor mir meine Messa, die Bibel, der Fischknochen, der wie ein Kreuz aussieht und mir in einer kritischen Situation in Mexiko »beistand«. Rechts von mir das große Aquarium. Und links von mir am Tisch sitzt die Frau.

Der Aschenbecher randvoll. Aber kein Alkohol. Nur immer wieder Zigaretten. Und immer wieder die Hände in den Haaren.

Rauft sie sich die Haare? Da war also was Zum-Haare-Raufen. Was war da?

Bis jetzt habe ich ihr zugehört. Ich habe sie gefragt nach ihrem Mann, habe ein bisschen Gesprächstherapie versucht.

Ihre Geschichten kamen hoch, Geschichten voller Angst vor ihrem Mann. Und immer wieder der ängstliche Blick durch die Scheiben des Aquariums. Er könnte wieder kommen. Ich folge ihrem flackernden Blick.

»Wem gehört eigentlich das Aquarium?«, frage ich.

»Das hat mein Mann damals mitgebracht. Aber wo er jetzt wohnt, da ist kein Platz. - Soll ich es abschaffen?«, fragt sie hastig.

»Vielleicht. Weiß nicht. Mal sehen.«

Auf einmal kann sie den Kopf des Mannes im Aquarium nicht mehr sehen. Er kommt nicht mehr. Aber es ist ihr nicht geheuer. Reden und Verstehen alleine reicht ihr nicht. Sonst hätte sie die Nachbarn gerufen oder die Freundin, sagt sie.

Und so sitze ich da auf dem Fußboden mit gekreuzten Beinen und rufe um Hilfe. Einfach in die Luft hinein. In den Himmel hinein. In die Welt der Kräfte, Energien und Mächte, die mehr können als ich. Ich bete den Rosenkranz. Gebetsmühlen geben eine innere Ruhe. Jede Religion reagiert nur auf das tiefe Empfinden, dass es Mächte gibt, die größer sind als wir.

Meine ganz persönliche Geisteraustreibung hat wieder einmal begonnen. Ob das erlaubt ist? Ob das geht? Was für komische Fragen. Fragen vom grünen Tisch. Wer heilt, hat Recht! Der Kopf verschwand. Amen und Gott sei Dank!

Religion ist nie eine Frage der Wahrheit. Religion ist immer eine Frage der Plausibilität, wo das Vertrauen Berge versetzt und Täler durchschreitet.

Und dass es das alles nicht gibt oder geben soll, ist eben auch nur eine Frage erwachsener Plausibilität, die mehrheitlich zu der gerade modernen Meinung gekommen ist, eine Welt der Geister, Engel und Dämonen sei dummes Zeug.

Kann ja sein. Aber dann werft auch die Bibel weg! Das ist nur konsequent. Merkwürdig nur, dass auch zutiefst rationale Menschen davor zurückschrecken, auf einem x-beliebigen Marienaltar die Opferkerzen auszublasen.

Wer vor sich selbst Rechenschaft ablegen will über sein eigenes Maß an Magie und Ritual, der ist gut beraten, in seiner eigenen Kindheit zu forschen. Und bei den Kindern zu forschen. Da war und ist die Welt noch magisch. Und wenn der Strom abgeschaltet wird oder man Tage und Nächte mit sich allein ist, hört die Plausibilität der geisterlosen Welt von sich aus auf. Sie sind da.

Vorgeschmack des Himmels

Das Telefon klingelt. Ziemlich viel Echo in zweihundert Quadratmetern Pfarrhaus. Vor allem, wenn die Möbel noch nicht stehen und die Bücher an den Wänden den Ton nicht dämpfen. Wieder klingelt es.

»Leute, nehmt euch Zeit!«

Ich bin doch gerade erst eingezogen.

Als ich den Hörer abhebe, höre ich die Stimme einer Frau. Sie bittet um Entschuldigung, weil ich sie nicht kenne. Natürlich nicht. Wie denn auch. Sie sei auf meinem Begrüßungsempfang nach dem Gottesdienst gewesen. Sicher würde ich mich nicht an sie erinnern.

»Ist das wichtig?«, frage ich.

Ich bin mitten im Einräumen und habe momentan überhaupt keine Lust auf Katzen, die um den heißen Brei herumschleichen.

»Schon. Es ist nur so ... Vielleicht sollte ich vorher noch sagen, dass ich nicht zu Ihrer Gemeinde gehöre.«

»Es ist mir nicht wichtig. Aber sagen Sie mir doch, warum Sie anrufen?«

»Meine Tochter ist verunglückt. Sie ist mit ihren Freunden los und verunglückt. Ein paar Tage vor ihrem Gottesdienst. Und seitdem liegt sie im Krankenhaus. Und ich bete und bete. Aber es passiert nichts. Sie liegt im Koma und kommt nicht zu sich. Überall, wohin ich komme, schaue ich mich um, wer denn helfen könnte. Und als ich sie sah beim Gottesdienst, dachte ich, er könnte es doch sein. Der ist doch auch jung. Der könnte doch vielleicht einen Draht haben, den man als Mutter oder Vater zu seinen Kindern in diesem Alter nicht hat.«

»Wie alt ist denn Ihre Tochter?«

»Siebzehn. Ich bin dann von dem Gedanken abgekommen. Ich fand es zu verrückt. Aber jetzt weiß ich mir keinen anderen Rat mehr. Sie liegt nun schon über zwei Wochen im Koma und die Ärzte deuten an, dass ich mit dem Schlimmsten rechnen muss.«

Ich höre ihr zwar zu. Aber in meinem Kopf gehe ich die Gäste des Begrüßungsempfangs durch. Kenne ich die Stimme? Ist sie mir vorgestellt worden? Könnte es die Frau mit den schwarzen Haaren sein, die so schüchtern lächelte? Oder die starke Korpulente, die beim Sprechen ihre Arme vor ihrer Brust verschränkte?

Es ist die Schwarzhaarige! Es ist ihre Stimme. Ihr Lächeln war auch eher aufgesetzt, als dass es von Herzen kam. Es hielt nur wenige Sekunden an. Wurde von innen her immer wieder ausgeknipst. Anstrengend.

Das war sie! Das war die Mutter! Und während sie, um Haltung und Fassung ringend, auf meinem Empfang war, kämpfte die Tochter um ihr Leben. Lächeln zum bösen Spiel.

»Und jetzt?«

Mehr sage ich nicht. Ich weiß noch nicht genug. Was will sie? Für ihre Familie ist der Kollege zuständig. Und ich sitze doch noch zwischen den Umzugskartons. Was will sie?

»Ich bitte Sie, auch im Namen meines Mannes, gehen Sie zu meiner Tochter. Bitte!«

Biblische Zustände, geht es mir durch den Kopf. Eine Tochter droht zu sterben und die Eltern kommen zum jungen Rabbi, von dem man so einiges Verrücktes gehört hat, und bitten ihn, die Tochter zu retten. Da läuft es doch drauf hinaus.

Vielleicht muss man gerade einmal dreißig sein, um sich solchen Bitten nicht zu verschließen.

»Gut, ich komme.«

Wenige Minuten später sitze ich in Jeans, T-Shirt und Sandalen in meinem Golf. Keine Zeit, mich umzuziehen. Auch keine Lust. Ich bin eben, wer ich bin. Hat er vor zweitausend Jahren ja auch so gesagt.

Warum muss ich eigentlich meinen Wagen vor dem Krankenhaus dort abstellen, wo auch die anderen Besucher parken? Bin ich jetzt nicht wichtiger als die anderen? Irgendwann muss ich mir eine Durchfahrtsgenehmigung besorgen. Neben einer Laterne quetsche ich mich in eine Parklücke.

Ich frage beim Pförtner nach dem Mädchen. Er blättert in den grün-weißen Computerauszügen.

»Da ist sie! Station G. Aber da kommen Sie nicht hin. Die liegt auf Intensiv. Sind Sie ihr Freund oder ihr Bruder?«

Was geht das den an? Ich schlage zurück. Verbal: »Ich bin ihr Pfarrer. Guten Tag!«

Das sitzt. Ich laufe zur Station hoch. Wieder eine Tür. Wieder läuten. Wieder warten. Dann Schritte, ein Schatten hinter der Glastür. Vorsichtig wird sie einen Spalt geöffnet. Ein junger Mann, auch um die dreißig in einem weißem Kittel. Wahrscheinlich Pfleger oder ein Arzt. Ein Arzt. Er trägt einen dieser Peeper an seiner Brusttasche. Und im Kittel steckt das Stethoskop.

»Ja, bitte?«

»Guten Tag, ich bin Pfarrer Fliege. Ich will Fräulein Reinhardt besuchen, die bei Ihnen liegt.«

Er mustert mich, wie ich ihn eben gemustert habe. T-Shirt, Jeans, Sandalen. Haare bis fast zu den Schultern. Pfarrer sehen in dieser katholischen Gegend anders aus. Der Türspalt wird nicht größer.

»Tut mir Leid. Das Besuchsrecht gilt nur für Familienangehörige.«

Aha, auf den Pfarrer will er sich offenbar gar nicht einlassen. So etwas wie Zorn steigt in mir hoch.

»Ich sage Ihnen doch, dass ich Pfarrer bin. Und ich möchte Fräulein Reinhardt besuchen. Das muss Ihnen doch reichen.«

»Das reicht mir leider nicht.«

Und schon sind wir drin, gefangen im Spiel der Männer: Spiegelein, Spiegelein an der Wand, wer ist der Mächtigste im ganzen Land? Das Mädchen, die Mutter, all das rückt erst einmal in die zweite Reihe. Wir spielen unseren Hahnenkampf an der Tür zur Intensivstation. Aber so dahergelaufen wie ich aussehe, achtet er nicht auf meine Trümpfe.

»Wer hat Sie denn gerufen? Wie war Ihr Name noch mal?«

»Fliege. Wie die Fliegen, die Sie so ungern auf Ihrer Intensivstation sehen.«

Er lächelt gequält.

»Und wer hat Sie nun gerufen?«

Was geht das den Typen an? Ich denke nicht daran, ihm von der verzweifelten Mutter zu erzählen und seine Tränendrüsen zu traktieren. Wenn mich ein Freund dieses Mädchens angerufen hätte, wäre ich doch auch hier.

»Gott! Gott hat mich gerufen!«

Genau! Es muss doch möglich sein, dass »Gott« das entscheidende Zugangswort für Pfarrer ist.

Keine Chance. Der Kerl wankt und weicht nicht. Wahrscheinlich amüsiert er sich sogar über meine Antwort. Aber ich meine es ganz ernst.

Okay, wenn die neue Generation meint, auf Gott verzichten zu können, dann versuche ich es eben mit dem Bodenpersonal.

»Sagen Sie, Herr Doktor, das hier ist doch ein konfessionelles Krankenhaus. Es heißt doch St. Anna, oder?«

»Ja und, was soll das?«

»Das soll, dass ich, wenn die Tür für mich in den nächsten fünf Sekunden nicht aufgeht und ich das Mädchen nicht besuchen kann, vor der nächsten Tür stehen werde. Und das ist die Tür des Verwaltungsdirektors. Von dort aus geht's dann direkt zum geistlichen Vorstand der Klinik. Und dann sind wir wieder hier.«

Da kommt Bewegung in den Mann. Allerdings ohne Kommentar. Sein Gesicht wahrt man am besten schweigend.

»Streifen Sie sich die blauen Plastikschuhe über. Dort im Schrank liegen grüne OP-Kittel. Ziehen Sie sie an. Ihre Haare bedecken Sie bitte mit einer Plastikhaube. Die finden Sie dort. Ich hole Sie dann.«

Wenig später schlurfen wir den Gang entlang. Er öffnet rechts eine Schwingtür.

»Da liegt Ihre Patientin.«

Dann geht er. Ich bin allein. Sogar mehr als das. Vor mir, drei, vier Meter entfernt, ein Bett mit einem Menschen, der regungslos auf dem Rücken liegt. Hinter ihm Monitore und diverse Kabel, die alles registrieren, was man an medizinischen Daten aufzeichnen kann.

Das Mädchen. Aber ich kenne sie doch gar nicht. Ich weiß nur ihren Namen, ihr Alter und ein paar Angaben über den Unfall. Dass Freunde mit dabei waren. Mehr nicht. Was soll ich hier machen? Ihre Mutter ist verrückt, mich hierherzuschicken. Tue ich ihr diesen Gefallen nur in einem Anfall von Heldentum und religiösem Wahn?

Was mache ich jetzt?

Hinter mir, nur durch eine große Glasscheibe vom Zimmer getrennt, haben sich einige Pfleger, Schwestern und Ärzte versammelt. Der Arzt von vorhin wird sie wohl über mich informiert haben. Ich fühle ihre Blicke in meinem Nacken. Da ist nichts Gutes dran. Blöde Situation!

Hilfe, was soll ich tun? Ich stehe da wie angewurzelt. Wie versteinert. Ich habe zu hoch gepokert. Wen habe ich alles bemüht: den Verwaltungsdirektor, den Priester und dann am Ende auch den lieben Gott. Und die Tür ging ja auch auf. Aber jetzt bin ich allein.

»Lieber Vater im Himmel! Sag mir, was ich tun soll! Gib mir irgendein Zeichen, dass du da bist. Du kannst mich doch nicht so hängen lassen. Und das bei meinem ersten Auftritt in diesem Krankenhaus. Die Szene an der Tür wird bald in der ganzen Klinik die Runde gemacht haben. Ich kann mich hier nicht mehr sehen lassen. Verdammt, ich brauche Hilfe!«

Seit jenem Nachmittag weiß ich, dass der dicke Hintern einer Putzfrau ein Zeichen Gottes sein kann. Von außen wird die Tür aufgestoßen. Rückwärts, mit dem besagten Hintern voran, betritt die Reinigungsfrau die Station. »Betritt« ist falsch. Sie geht nicht aufrecht. Ihr Gesicht kann ich nicht sehen. Sie wischt den Boden. Dafür hat sie Augen. Für sonst nichts. Hinter ihr kommen der Wischer und der fahrbare Putzeimer, den sie mit dem Wischer immer wieder an sich heranzieht. Irgendwie scheine ich zu stören, denn als sie um mich herumwischt, stößt sie mit ihrem verlängerten Rücken gegen das Bett des komatösen Mädchens.

Das Bett bewegt sich.

Da sehe ich mit innerem und äußerem Auge zugleich das Mädchen hier und ein Bild von Schneewittchen und den sieben Zwergen dort. Zwerge, die stolpern, den Glassarg fallen lassen und Schneewittchen dadurch retten.

Was die Putzfrau kann, kann ich auch. Als die Reinemachefrau in ihrem blauen Kittel den Raum verlassen hat, ist meine innere Blockade gelöst. Ich werde das Mädchen aufwecken. Verrückt! Als wenn man Menschen im Koma aufwecken könnte.

Ich werde jetzt an das Bett treten und ... Soll ich das Bett hin und her bewegen? Nein. Ich werde mich darauf setzen. Egal, was die Spanner in meinem Nacken von mir denken.

Wie auf einer Bühne trete ich nach vorne und setze mich auf das Bett des Mädchens. Ihr Gesicht ist geschwollen. Blaue Flecken. Was mag das für ein Unfall gewesen sein? Was hat sie eigentlich?

Ich spreche sie mit ihrem Vornamen an. Ich tue so, als wenn sie mich hört und sieht. Selbst wenn das falsch ist, schämen muss ich mich dafür nicht.

Vielleicht ist sie wacher, als wir alle glauben. Was heißt schon Augen zu? Die sind jeden Abend als Erste zu, wenn die Ohren noch offen sind und der Tastsinn noch aktiv. Zuerst die Augen, dann die Ohren, dann der Tastsinn, so schläft man ein. Und in umgekehrter Reihenfolge wacht man auf.

Ich werde sie anfassen. Ich werde ihre Hand nehmen und sie sanft streicheln. Ich werde sagen, wer ich bin und wie es dazu kommt, dass ich an ihrem Bett sitze.

Ich erzähle ihr von ihrer Mutter und mir. Erzähle, dass ich die Mutter nicht ganz durchschaut hätte. Eine unsichere Person, die sich wohl an den Erwartungen ihrer Umwelt entlanghangelt.

Ich vertraue jetzt ganz und gar darauf, was mir in den Sinn kommt. Ungeprüft und ungefiltert gebe ich es an sie weiter.

»Sag mal, warum willst du eigentlich gehen? Hast du keine Lust mehr? Du schwebst doch zwischen Himmel und Erde. Warum sehnst du dich nicht nach der Erde? Zu Mutter und Vater und zu deiner Familie? Sag: Gibt es Schwierigkeiten?«

Da zuckt ihre Hand in meiner! Hat sie das absichtlich gemacht? Ich denke, sie sei längst unansprechbar. Oder steckt ihr Verstand dahinter? Jetzt nur nicht umschauen zur Spannerabteilung. Weiter reden. Wenn es Absicht war, dann kommt auch noch mehr.

»Schwierige Frau, deine Mutter!«

Das sage ich so einfach in die Luft hinein. Ich kenne die Frau doch gar nicht. Aber pubertierende Mädchen haben oft Streit mit der Mutter. Darauf setze ich.

»Und die Sache mit dem Unfall und den Jungs wird ihr auch nicht recht sein, schätze ich.«

Da! Wieder ein Zucken! Mehr noch, sie hebt die Hand. Weiter! Wie ein Fisch, der sich in meinem viel zu dünnen Netz verfangen hat, umgarne ich sie mit meiner Wahrheit.

»Ich kann dich verstehen. Das ist nicht leicht. Allein gegen den Rest der Familie. Ich wollte schon mit zehn, elf Jahren nicht mehr zu meiner Familie zurück. Nein, kein Unfall. Mein Vater hatte mich mit dem Flugzeug allein nach Finnland reisen lassen. Von dort aus wollte ich kein Signal nach Hause geben, dass es mir gut ging. Die interessieren sich sowieso nicht für mich. Habe ich gedacht. Da hat es mich regelrecht aus den Kinderschuhen gehauen, als ich erfuhr, dass mein Vater sich bereits nach mir erkundigt hatte.«

Da öffnet das Mädchen die Augen. Hey, das Mädchen öffnet die Augen! Hallo, das Koma ist vorbei! Seht doch ihr Ärzte, schaut auf eure Monitore, sie kommt, sie kommt zurück! Sie bewegt ihre Finger, ihre Hände, ihre Arme. Sie öffnet die Augen, die Ohren, das Herz. Sie hört, sie versteht, sie fühlt. Sie kommt!

Weiter!

»Die haben uns alle viel lieber, als sie es zugeben, die Eltern. Und dann wirst du bald achtzehn. Und da ist es sowieso vorbei mit der ständigen Rechtfertigung zu Hause. Wo man war und mit wem und wie lange. Mit achtzehn fängt das Leben erst an.«

Da lächelt sie. Gequält zwar, aber sie lächelt. Seht doch ihr Ärzte, sie lächelt! Gott hat mich tatsächlich geschickt. Nur wollte es so recht keiner glauben. Ich selbst ja auch nicht. Der Vater hat mich tatsächlich gerufen! Und ich dachte, es wäre nur die Mutter.

Die Ärzte und Pfleger und Schwestern sind mir mittlerweile egal. Ich bin Zeuge, wie ein Mensch ins Leben zurückkehrt. Ein Sieg. Und ich bin an der ganzen Sache nicht ganz unbeteiligt. Wenn ich auch nicht weiß, wer da im Hintergrund, in der Welt der Seelen, welche Strippen gezogen hat.

Wie ein kleiner König springe ich die weiten Treppen der Klinik hinunter. Grinsend gehe ich an dem missmutigen Pförtner von eben vorbei. Schaut her, hier kommt der Mann von Station G! Übermütig laufe ich über die Straße auf meinen treuen Esel zu. Bald zweihunderttausend Kilometer hat er mich schon getragen. Lasse mich in die ausgesessenen Polster fallen, grinse noch einmal, drehe den Schlüssel, starte. Den Rückwärtsgang einlegen, das Steuer etwas eindrehen und los.

Ein Knall holt mich zurück auf den Boden der niederrheinischen Tiefebene. Ich habe die Laterne vergessen. Die Laterne, die beim Einparken schräg hinter meinem Waagen stand. Jetzt hat sie sich zehn Zentimeter tief in die Stoßstange gebohrt.

Ich fühle mich erwischt. Wer mir da auch immer die Ohren langziehen will. Oder nur ein Zeichen geben will, dass der Sieg von Station G ganz gewiss nicht auf mein Konto geht. Wo ein Sieg ist, wird auch bald eine Niederlage folgen. Wir können nur die Siege feiern, wenn wir aus den Niederlagen herauswachsen. Die Beule bleibt drin. Zum Zeichen.

*

Jahre später gibt mein alter Esel den Geist auf. Da beschließe ich aus Treue, den gleichen Wagen noch einmal zu kaufen. Es dauert keine zwei Wochen, da hat meine Frau beim Einkaufen so unglücklich rangiert, dass an der gleichen Stelle wie bei meinem alten Esel die gleiche Beule wieder da ist. Auch diese Beule bleibt.

Es ist eine Seherin, die mich zärtlich mit der Welt der Sexualität vertraut macht. Woher weiß sie, wann und wo ich sie besuchen komme?

Die Sehnsucht hat mich wieder einmal gepackt. Oder sind es nur Hormone? Ich fahre mit meinem grünen Renault nach Norden. Vierhundert Kilometer nach Norden, um Traude zu sehen. Eine faszinierende Frau. Und ich werde überrascht sein.

Sie lief barfuß durch die Stadt, als ich sie zum ersten Mal sah. Hatte sich abgeseilt von einem bürgerlichen Leben. Lebte ohne Heizung und große sanitäre Anlagen in einer LKW-Garage. Lila Vorhänge. Eine Töpferin.

Der Duft von Räucherstäbchen liegt süß in der Luft. Zu süß für mich. Bücher von Rudolph Steiner, die ich zum ersten Mal in meinem Leben hier in die Hand nehme. Aber auch Schafgarbenstängel, die mit einem kleinen Gummiband zusammengehalten werden. Was sind das für Kräuter?

Es sind keine. Es sind Einladungen, nach Jahren der Abstinenz wieder einmal hinabzusteigen in die eignen Tiefen. Schauen, was uns da zusammenhält und wer oder was uns regiert.

Das Bündel Stäbchen gehört zu einem Buch: »I GING«, Das Buch der Wandlungen. Ein Weissagungsbuch aus dem alten China. Uralte Tradition. Was ist das? Die Freundin lächelt.

Sie soll es mir zeigen.

Sie nimmt das Bündel, streift den Gummi ab, setzt sich vor mir auf den Boden und legt sich das merkwürdige Buch in den Schoß. Dann wirft sie leicht ihre blonden Haare aus dem Gesicht und schaut mich an. Darf ich mich darauf einlassen, geht es mir durch den Kopf? Warum sind Hexen immer Frauen? Warum liest man nur bei Krimis was von Hexern? Was macht sie mit mir? Was steckt hinter ihrem Lächeln? Überlegenheit? Die blanke Verführung?

»Weißt du«, sagt sie, »es ist doch dumm zu glauben, dass alles seine Ordnungen hat. Planeten, Jahreszeiten. Und alles kannst du vorhersagen.«

Beginnt jetzt und hier eine Lehrstunde? So vorsichtig wie ich bin, so ungeduldig bin ich auch.

»Und nur wir Menschen glauben, völlig wild und ungeordnet ohne Bahnen durch unser Leben ziehen zu können. Wer das glaubt, ist verrückt. Da sind die Chinesen weiter.«

»Weiter als wir?«

»Viel weiter. Schließlich sammeln sie ja auch seit ein paar tausend Jahren länger als wir menschliche Erfahrung und schreiben sie auf.«

»Und was hat das mit deinen verdorrten kleinen Stängeln da zu tun?«

»Es ist ein Orakel. Du ziehst ein paar Stäbe heraus. Und je nachdem, welche du ziehst und in welcher Reihenfolge, schau ich in diesem Nachschlagewerk, was dich dein Unterbewusstsein für Stäbchen hat ziehen lassen und in welcher Lebenskurve du gerade bist.«

Und so sitzen wir in einer etwas klammen LKW-Garage, lieben uns und lehren uns, dass das Leben Ordnungen hat. Eine neue Situation wird aus einer alten geboren. In welcher Krise man gerade steckt, das signalisiert unser Unterbewusstsein.

Wenn ich das den Theologie-Professoren auf der Uni erzähle, fallen die vom Lehrstuhl. Die Lutheraner vielleicht weniger. Die lehrten ja immer schon, dass wir keinen freien Willen haben, sondern irgendwie in Gottes Hand sind. Jedes Haar auf unserem Haupte soll doch gezählt sein. Und unsere Tage erst recht. Eine richtige Theologie für geschäftstüchtige Zigeunerinnen, die in der Fußgängerzone in den Händen der Menschen das Schicksal lesen.

Aber die anderen, die klugen Reformierten, die nur eine Kerze anzünden, wenn der Strom ausgefallen ist? Die schütteln den Kopf vor so viel Aberglauben. Oder später die Bischöfe? Wenn ich denen beim Examen etwas über die Kraft des Orakels erzähle, werde ich nie Pfarrer. Obwohl da doch was dran zu sein scheint.

Später probiere ich manch andere Orakel aus. Ich lege Tarot-Karten und lasse mir tatsächlich aus der Hand lesen.

Zigeunerinnen aus Griechenland sagen mir einen Unfall voraus. Mit allen Details. Und sie behalten Recht. Woher wissen die das? Was für ein Wissen umgibt uns?

Kann man damit rechnen, arbeiten, helfen?

Ich habe einmal darauf gesetzt. Und verloren.

Ein älterer Mann, der mit einem Plakat um den Hals durch die Stadt irrt, erkennt mich. Er läuft auf mich zu. Er hält meinen Arm fest, weint. Während er sich beruhigt, versuche ich aus seinem Plakat schlau zu werden. Er vermisst seine erwachsene Tochter. Sie ist von einem Türkeiurlaub nicht zurückgekommen. Seit Monaten kein Lebenszeichen. Alles spricht dafür, dass sie einem Kapitalverbrechen zum Opfer gefallen ist. Zuständige Behörden sehen das so. Aber welcher Vater will das wahrhaben? Er mobilisiert die Öffentlichkeit. Seine einzige Zuflucht. Seine letzte Hoffnung.

Ich lade ihn in eine Sendung. Wir machen noch einmal einen Aufruf. Wir kontaktieren türkische Fernsehstationen. Wir lassen dort Plakate kleben. Wir machen alles, was geboten und vernünftig ist.

Aber wir planen eben auch unvernünftige Sachen. Kann uns vielleicht eine bewährte Hellseherin helfen? Sie kommt, betet, lässt Karten ziehen und sagt, dass die Tochter lebt. Ein schrecklicher Irrtum, wie sich Monate später herausstellt, als man den Leichnam der Tochter findet.

Das tragische Ende der Tochter wird in der Sendung nicht vorhergesehen. Wohl nur darum klammert sich ein zufälliger Gast an die Hellseherin, auch ihr zu helfen. Seit vielen Jahren sucht sie in Frankreich ihren Vater. Sie hat ihn nie kennen gelernt. Er war während des Krieges französischer Soldat und liebte ihre Mutter. Alles Suchen nach dem Krieg blieb erfolglos. Auch unsere Fernsehrecherchen bringen nichts. Resigniert hält sich die vaterlose Tochter am letzten Strohhalm fest: die Wahrsagerin.

»Ihr Vater lebt«, sagt sie. »Sie werden Ihren Vater finden. Noch dieses Jahr. Fahren Sie im Sommer in die Nähe der spanischen Grenze nach XY. Dort gehen sie in ein Hotel.«

»In was für ein Hotel?«

»In das Hotel Ihrer Wahl. Keine Sorge. Dort werden Sie einen Mann kennen lernen, dem Sie alles erzählen. Er wird Ihnen zuhören und Sie einem Bekannten vorstellen, der Ihnen weiterhelfen wird. Folgen Sie ihm. Er wird Sie zu Ihrem Vater führen.«

Genau das hat die Frau, die viele Jahrzehnte ihren Vater vergeblich suchte, getan. Und es geschah, wie ihr die Hellseherin im Fliege-Studio auf dem Münchner Bavariafilmgelände prophezeit hatte.

In Frankreich kam sie mit dem Hotelier ins Gespräch. Aber der würde es sicher nicht sein. Er war viel zu jung, um noch etwas über den Krieg zu wissen. Doch er kannte zufällig einen Hobby-Militärhistoriker, der könnte vielleicht weiterhelfen. Und so war es denn auch.

Es gibt mehr zwischen Himmel und Erde. Mehr als sich bürgerliche Theologie träumen lässt.

So ganz ohne Zauber und Magie wollen die bürgerlichen Christen dann auch nicht leben. Ein bisschen Magie darf es schon sein. Und so schütten sie 365 Bibelsprüche in eine Lostrommel und ziehen sie eine um die andere heraus und ordnen sie vom ersten Januar bis zum 31. Dezember des Jahres. Und wer sie später liest, und das tun Millionen, wird das Gefühl nicht los, dass Gott selbst zu ihm durch diese Zufallssprüche der Herrnhuter Brüdergemeinde spricht.

Frommer Zauber auch bei uns. Die Schafgarbenstäbchen meiner Freundin haben mich damals auf diese Spur gebracht. Ohne eine Portion Magie scheint wohl jede Religion verloren. Warum bekämpfen wir sie nur so? Ist das die Angst der Männer, die wahrnehmen, dass sie nicht die wirklichen Herren der Lage sind?

Als ich mit meinem alten Renault vor der Garage meiner Freundin vorfahre, steht die Tür auf. Ich steige aus. Ich rufe nicht. Ich will sie überraschen. Leise gehe ich auf die große Tür zu, trete ein. Aber da ist niemand. Da wohnt auch niemand mehr. Sie ist weg, verschwunden. Und keiner weiß, wohin sie gezogen ist. Der Kontakt mit den Nachbarn hielt sich eh in bescheidenem Rahmen. Welche Nachbarin sieht schon gerne, dass ihr Mann mit einer blonden Hexe redet, die in einer der Garagenecken auch noch alchemistische Versuche startet? Wo finde ich Traude, meine Freundin?

Ich fahre bei ein paar Kunden ihrer Töpferwaren vorbei. Vielleicht wissen die was. Und als ich endlich eine mögliche Adresse habe, fahre ich hin. Wieder ein Haus im Wald ohne Wasser und Strom. Die letzten paar hundert Meter geht es über einen Holzweg. Hier fahren auch nur Trecker, denke ich. Und da taucht das kleine Fachwerkhaus auf. Da soll sie jetzt hausen? Sie ist wirklich eine Hexe!

Ich bremse und halte an. Ich bin noch nicht ausgestiegen, da kommt sie aus dem Haus, lacht wieder dieses geheimnisvolle Lachen und bittet mich an einen gedeckten Tisch für zwei Personen. Tee, Kerzen, alles wie früher.

»Ich habe schon mal den Tee gekocht. Ich wusste, dass du kommst.«

»Äh, woher wusstest du ...?«

Da deutet sie mit dem Kopf auf ihre Schafgarbenstängel und das offene Buch.

»Ich habe heute Morgen ein bisschen geschaut. Und da wurde mir klar, dass du heute Nachmittag kommst.«

»Aber ich war Jahre nicht bei dir!«

»Was sind Jahre? Was ist Zeit?«

Finde ich auch und freue mich, dass sie immer noch so wenig Kleidung trägt wie damals.

Als wir später nebeneinander liegen und ich es immer noch nicht fassen kann, dass sie mein Kommen erahnte, fällt mir ein, dass mir das nicht zum ersten Mal passiert ist. Es gab eine Begegnung der »dritten Art«, die mindestens ebenso verrückt war.

*

Dass es für Studenten in Tübingen kein Zimmer zu mieten gibt, hat sich schon bis zur Kirchlichen Hochschule in Wuppertal herumgesprochen. Anzeigen aufgeben zwecklos. Und so fahren die meisten Studenten irgendwann während des Sommers nach Schwaben, um sich für das Wintersemester nach einer Bleibe umzuschauen.

Ich nicht. Die naive Frömmigkeit und meine Sorglosigkeit, der Leichtsinn meiner Kinderjahre, hat mich nach der Eiszeit der höheren Schule wieder eingeholt.

Ich fahre nicht nach Tübingen. Ich fahre erst zu Beginn des Semesters. Und dann gleich mit Sack und Pack. Ich fahr aufs Ganze. Wenn der liebe Gott will, dass ich in Tübingen studiere, dann hat er auch ein Zimmer.

Es ist ein lauer Oktoberabend, an dem ich in Tübingen eintrudele. Den R4 bis unters Dach voll mit meinen Sieben-

Sachen. Wo soll ich schlafen? Freunde habe ich keine hier. Alles ist fremd. Ich bin zum ersten Mal hier. Gibt es eine Jugendherberge? Die gibt es. Und die hat auch noch ein Bett frei. Glück gehabt. Aber nur Glück für eine Nacht.

Wo kriege ich jetzt ein Zimmer? Weil es so lau ist, beschließe ich, noch ein wenig durch das Städtchen zu bummeln. Postkartenspaziergang. Da wo Tübingen am schönsten sein soll, Neckarufer.

Große Scheinwerfer beleuchten die mittelalterliche Stadt. Die großen Ulmen auf der Neckarinsel haben schon begonnen, ihr Laub abzuwerfen. Da klettere ich eine Treppe zur Innenstadt hoch. Links ein Eiscafe. Das wäre doch was, ein letztes Sommereis am ersten Abend in Tübingen. Aber auf die Hand. Das ist billiger. Ich muss jetzt mit jedem Groschen rechnen.

Ich stelle mich an. Vor mir ein älteres Ehepaar. Er lang und dürr, sie klein und etwas korpulenter. Gepflegte Erscheinung. Und weil sie auch noch warten müssen, kommen wir ins Gespräch. Und ich erzähle von meiner Sorge, kein Zimmer zu bekommen. Oder von meiner Hoffnung, doch irgendwie eines zu bekommen? Ich weiß es nicht mehr genau. Ich weiß nur, dass sich die beiden anschauen.

Dann sagt sie: »Wir haben noch ein Zimmer. Aber es ist im Augenblick unbewohnbar. Es liegt im Souterrain. Ein paar alte Möbel stehen drin. Aber wenn Sie wollen, schauen Sie es sich doch einmal an.«

Das darf doch nicht wahr sein! Was stört mich ein halber Keller, wenn er nur ein Dach hat.

»Kann ich morgen vielleicht vorbeischauen?«

Ich will das Eisen schmieden, solange es heiß ist.

»Das können Sie auch sofort. Wir wohnen nur drei Häuser weiter.«

Spinn ich, träum ich? Aufwachen, Jürgen, der liebe Gott ist wieder unterwegs und besorgt dir ein Zimmer. Wie die

Jünger Jesu die Eselin führt und den Meister genau an der Stelle findet, die ihnen vorausgesagt war, finde ich ein Zimmer in Tübingen.

Hoffentlich! Noch habe ich es nicht. Lieber Himmel, mach dich jetzt nicht davon!

Eisleckend gehen wir gerade fünfzig Meter den Berg hoch. Da biegen die beiden in eine Gasse zum Neckarufer ab. Und gleich beim ersten Haus gehen sie die Kellerstufen hinunter und schließen auf.

Also doch nur ein Kellerloch, geht es mir durch den Kopf. Schade.

Oder doch nicht? Als sie mir die Tür meines neuen Zimmers aufstoßen, fällt das Licht der Scheinwerfer aus der alten Platanenallee ins Zimmer. Es ist kein Keller. Vom Neckar her ist es sogar der erste Stock. Ich habe das schönste Zimmer von Tübingen. Und wenn ich aus dem Fenster steige, liege ich auf dem Präsentierteller der Stadt. Eine Veranda, die auf jeder Postkarte zu sehen ist.

Ich lächle still in mich hinein. Ein leises Danke Richtung Himmel. Und wenn Postkarten von Tübingen zwischen 1971 und 1974 fotografiert worden sind, dann kann es sein, dass ich darauf zu sehen bin. Der kleine weiße Punkt auf der Veranda.

Wer wartet hier auf mich, wenn schon die Wirtsleute warteten?

Mein Nachbar ist ein italienischer Theaterintendant. Ich teile mit seinem kleinen Zimmertheater nebenan die Veranda. Da kommt man sich näher. Am Ende, wenn man so will, zu nahe. Ich interessierte mich ehrlich gesagt weniger für ihn als für seine aparten Schauspielerinnen. Aber was nimmt man nicht alles in Kauf ...

Er ist der Grund, dass ich nach knapp drei Jahren mein Zimmer wieder räumen muss. Er nahm sich das Leben.

Meine Tübinger Wirtin hatte mitgekriegt, dass er seine letzten Wochen und Monate in intensiven Gesprächen mit mir verbracht hatte. Da warf sie mich raus. Ist das auch eine Geschichte von der Macht der Magie, die eine rechtschaffene Tübinger Frau dazu drängt, in ihrem Haus die letzten Spuren eines Suizids an die Luft zu setzen?

Oder sollte ich lernen? Mich in Zurückhaltung üben. Zuhören und weniger eingreifen. Auch nicht, wenn in den tiefen Gesprächen der Tod eine immer dominierende Rolle spielt?

Warum stellt das Leben uns Menschen immer vor solche Aufgaben, die wir am wenigsten beherrschen?

Leben als Geschenk

In all den so genannten Mutgeschichten schwebt immer ein Engel über der Erinnerung, der darauf achtet, dass es am Ende keine Heldengeschichten werden. Es waren immer Geschichten, in die ich mich mehr oder minder kopflos oder kopfüber hineinbegeben habe. Und dann getragen wurde. Von wem auch immer. Und darum gehört auch die Geschichte mit Julius Hackethal hierher.

Ich hatte am Ende seines Lebens so viel Mut oder auch Entschlossenheit getankt, dass ich bereit war, ihm bei seinem letzten Schritt in die andere Wirklichkeit hilfreich zur Seite zu stehen. Und dann kamen sie, die letzten drei Monate unserer kurzen Freundschaft.

Die Rotlichter der Kameras sind eben verloschen. Und die Beleuchter der Studios ziehen langsam an den Hebeln, die die Scheinwerfer dimmen. Da kommt ein Pressefotograf und will noch ein Bild machen. Ein Foto von Hackethal, von Inge Meysel und mir. Thema der eben vorübergegangenen Sendung: Sterbehilfe. Eine der letzten großen medizinisch-ethischen Fronten, an denen Hackethal kämpfte. Genauso wie Inge Meysel.

Noch einmal erzählte er davon, wie er der lebensmüden Patientin mit dem entstellten und zerfressenen Gesicht versprach, ihr beim Sterben aktiv zu helfen. Für ihn eine Frage der Barmherzigkeit. Das kam auch in der Sendung rüber. Hier stand kein Mann mit einem angeknacksten Ego, der sich am Leben anderer profilieren musste. Hier stand ein Kämpfer, der die Tabus eines Volkes nicht mehr fraglos akzeptieren wollte. Und wo eine Diskussion nicht mehr möglich schien, da setzte er neue Fakten. Und die Diskussion begann.

Wir rücken für das Foto zusammen. Und so auf Tuchfühlung und diesmal ohne Mikrofon, sage ich zu dem tapferen Querkopf Hackethal: »Ich verstehe die ganze Aufregung um Sie herum nicht. Für mich sind Sie ein Mann, der einfach liebt. Punkt! Und dazu muss man sich eben vorher ausziehen. Ihr Ärzte sagt wohl dazu, sich freimachen. Schutzlos in den Kampf!«

Da schaut er mich über seine Brille an und lächelt. Als kleines Abschiedsgeschenk gebe ich ihm ein Büchlein von mir mit. Am Abend ruft er mich zu Hause an. Sagt, dass er es in einem Zug gelesen habe, und will mich sofort als Seelsorger an seiner Privatklinik engagieren. Ich muss Luft holen. Tief einatmen, damit ich von der festen Umarmung, die da durch das Telefon kommt, nicht erdrückt werde. Eine Kapelle will er auch bauen.

Gut, ich werde kommen. Aber nicht als Seelsorger einer Krebsklinik. Obwohl mich das reizt. Momentan ist hier im Fernsehen meine Aufgabe.

Später spielt der große Hackethal im Keller seines Hauses stundenlang Tischtennis mit meinen Töchtern. Er chauffiert sie mit seinem großen Wagen wie Prinzessinnen durch den Chiemgau. Hat Zeit ohne Ende. Und ich besuche alle Wochen einmal die Klinik, halte Vorträge über Religion und stehe den Patienten für Einzelgespräche zur Verfügung. Dann und wann stehe ich seinen Patienten bei, wenn sie Abschied nehmen müssen. Lass mir ihre Träume erzählen. Rede mit den Angehörigen. Bete.

Im Sommer kommt der Anruf. Ich sitze gerade in Venetien in der Sonne.

»Jürgen? Kann ich dich sprechen?«

Hackethal ist am Telefon.

»Julius, hallo, um was geht es?«

»Um es kurz zu machen: Ich habe Krebs. Die Lunge.«

Pause.

»Und nach meiner eigenen Diagnose habe ich noch drei Monate zu leben.«

Ich hole tief Luft. Das waren gerade einmal fünf Sekunden. Und in den fünf Sekunden hat Julius alles auf den Tisch gelegt. Die Wahrheit braucht nur fünf Sekunden! Ich brauche mehr.

»Wo bist du?«

Ich versuche, Zeit zu schinden. Zeit, die Wahrheit zu verdauen, dass einer der bedeutendsten Krebsärzte selber Krebs hat.

Was ist das für eine Krankheit, die ihre stärksten Gegner selber auffrisst? Die sich an die gegnerischen Generäle heranwagt?

»In der Klinik. Wann kannst du hier sein?«

»Ich bin in Venetien im Urlaub. Mit der Familie. So fünf, sechs Stunden brauche ich. Also heute Abend.«

»So dringend ist es auch nicht. Ich hab ja noch drei Monate«, antwortet er ziemlich gefasst. Als wenn es nicht um ihn ginge, sondern um irgendeinen anderen Menschen. »Aber wenn du zurück bist, dann müssen wir uns sehen.«

»Kannst du mir vielleicht am Telefon sagen, warum? Vielleicht kann ich die Zeit nutzen, mich vorzubereiten.«

»Sicher. Ich möchte am Ende meines Lebens für meine Patienten noch einmal zusammenfassen, was mir wichtig war. Meine Entdeckungen, weißt du, die wichtigsten noch einmal auf Video oder meinetwegen auch im Fernsehen, wenn ich längst mausetot bin. Behandle jeden Patienten so, wie wenn er dein bester Freund wäre.«

»Gut, Julius, in einer Woche bin ich zurück. Dann komme ich sofort. Wir machen ein Video. Ich frage, du antwortest. Ach, weiß deine Frau überhaupt Bescheid?«

»Li weiß alles. Vor der kann ich nichts verheimlichen. Hab ich versucht. Ging daneben. Unsere Sorge ist, wie wir das unseren Patienten beibringen sollen. Ihr Krebsarzt muss selber an Krebs sterben.«

»Verstehe.«

»Gut, ich lege jetzt auf.«

»Und wenn was ist, ruf an, Julius. Ich brauche wirklich nur sechs Stunden.«

Eine Woche später sitzen wir bei ihm im Keller der Klinik. Er hat sich da ein wenig verbunkert. Überall Bücher. Der schwere Schreibtisch. Aber auch ein paar Arzt-Utensilien. Die Lichtwand zum Begutachten von Röntgenfotos. Und im Regal ein Karton Plastikhandschuhe für alle Fälle. Julius war wohl ein Genie im Ertasten von Prostataveränderungen.

Vordergründig reden wir über das Video. Sozusagen das Testament des Arztes Julius Hackethal. Aber unhörbar geht es parallel auch um ein ganz anderes Thema. Sterbehilfe bei Julius Hackethal. Sein Thema. Das Thema der Fernseh-Sendung. Sein letztes Lebensthema?

Ich hatte ihm vor längerer Zeit einmal von meinen doch eher ängstlichen Erfahrungen berichtet, lebensmüden Menschen beim Sterben aktiv zu helfen. Ich war als Landpfarrer dabei, wenn die Bergleute, die vorwiegend zu meiner Gemeinde gehörten, mit ihrer Staublunge um einen letzten Rest von Luft kämpften. Berge von verschleimten Mulltüchern. Aufbäumen der sterbenden Männer. Ersticken. Furchtbar! Schreien nach Hilfe. Schreien nach Gott. Da denkt und fühlt es sich anders, als in einer Enquetekommission des Deutschen Bundestages über Euthanasie.

Wo in dieser Not Julius Hackethal auf Chemie setzte, hatte ich eher ängstlich auf Gebete und Zeremonien gesetzt. Und manchmal verloren. Aber auch manchmal gewonnen. Zufall oder nicht, eine schwer krebskranke Frau starb vierundzwanzig Stunden nach meinen Zeremonien.

Julius lachte damals nicht. Der berühmte Chirurg war längst hinter die heilsamen Kräfte, hinter die Magie der Worte gekommen. Er begann als Arzt mit einem Skalpell, aber er endete als Liebhaber mit der Kraft der Worte.

»Erzähl mir die ganze Geschichte«, sagte er und schaute mich über seiner Lesebrille an. Ich sehe seinen schweren Kopf, ein mächtiger Bauernschädel aus dem Eichsfeld. Was der schon alles für Kämpfe ausgetragen hat!

Sind wir uns vielleicht in unserer Dickköpfigkeit ähnlich? Gleich und Gleich gesellt sich gern? Er gegen die Institution Medizinapparat und Apparatschicks? Ich gegen die Institution Kirche und Funktionäre? Er für eine neue Medizin mit menschlichem Antlitz? Ich für eine neue Religion mit ebenso menschlichen Zügen? Es scheint so. Er auf dem Weg vom Arzt zum Priester und Seelsorger. Und ich auf dem Wege vom Priester zum Heiler, zum Arzt. Ja, so ist es!

»Gut, lehn dich zurück. Es dauert schon ein bisschen länger, Julius.«

Es ist die Geschichte einer alten Christin, die deinen Kollegen im nahen Kreiskrankenhaus antwortete: Sie wollen mich noch operieren, Herr Doktor? Aber das tut man doch nicht. Ich stehe doch schon auf der Himmelsleiter. Genau das hat sie gesagt.

Mit diesen Worten verließ sie das Krankenhaus, legte sich zu Hause in ihr Bett und wusste, dass sie sterben würde. Bald schon. Denn die Ärzte hatten ihr gesagt, es sei Krebs im letzten Stadium. Das brachte sie nicht aus der Fassung. Schließlich hatte sie ja mit ihren über achtzig Jahren das Leben hinter sich. Nun war es eben zu Ende. Und sie würde in den Himmel kommen.

Wahrscheinlich hatte sie sogar Recht damit. Aber sie hatte nicht damit gerechnet, dass es so lange dauern würde. Monate kämpfte sie auf dieser Erde noch mit ihren Schmerzen. Und Monate kämpfte sie auch mit dem Vater im Himmel. Es half nichts. Sie kam nicht von der Stelle. Sie schwebte zwischen Himmel und Erde. Und das genau ist die Hölle auf Erden. Nicht weiterkommen. Festhängen.

Einmal die Woche schaute ich bei ihr vorbei. Setzte mich an ihr Bett. Und wenn die Türen zur Wohnküche zugemacht waren, dann ließ die wohlerzogene Frau auch einmal ihrer Wut und ihrem Schmerz freien Lauf. All die Jahre war sie mit ihrem eigenen Gesangbuch in die Kirche gegangen. Sie war fromm. Ihre Kinder waren es. Und nun das hier! Gott schien sie hängen zu lassen. Und das war schlimmer, als bloß vergessen zu werden.

»Er hat mich nicht vergessen. Ich rufe ihn ja jeden Tag und jede Nacht. Er will mich einfach nicht hören. Er lässt mich wirklich hängen, Herr Pastor! Was ist das für ein Gott?«

»Soll ich beten? Ich für Sie?«, fragte ich vorsichtig. Ich frag das immer, wenn ich nicht ganz sicher bin, ob ich in den intimsten Bereich der Seele eines anderen Menschen eindringen kann. Eindringen darf. Beten und um Hilfe rufen ist intimer als Sexualität.

Julius schaut auf. Will er was antworten? Ist da ein leichtes Staunen? Über Religion weiß er nicht viel. Da ist er wie ein dickschädeliges Kind, das lebenslang gegen den Vater kämpft. Also erzähl ich weiter.

»Es hat keinen Zweck. Der Himmel ist taub!«, sagt die alte Frau zu mir. »Nein, er ist gar nicht taub. Er stellt sich bei mir taub.«

So ging das über Wochen und Monate. Ich traute mich schon gar nicht mehr recht zu ihr. Dauernd bekam ich als Gottes Bodenpersonal die Schläge, die sie eigentlich dem Himmel zugedacht hatte.

Sie war ein weiblicher Hiob, der nicht verstehen konnte, warum und wieso Gott einen so schrecklich strafen konnte. Dass ich von solcher Lebensauffassung überhaupt nichts hielt, konnte ich ihr nicht mehr beibringen. Wer hat sie nur so erzogen, dass das Leben und der Kosmos Menschen straft?

Wie ein ungezogenes Kind schlug sie quasi die Türe zu ihrem Kinderzimmer mit einem lauten Knall zu. Jetzt war der Himmel am Zug. Und er wird ihren Zorn schon mitbekommen haben. Sie spielte mit Gott das Spiel: Wer macht den ersten Schritt? Der Einsatz war ihr Leben.

Und dann war der Nachmittag gekommen, an dem die Sommerferien begannen. Da brach alles zusammen.

Ich wollte mit einer großen Gruppe aus der Gemeinde nach Irland. Zum letzten Mal würde ich kommen. Das wussten wir beide. Als ich bei ihr läute, macht die Tochter auf. Ein Teil der Familie hat sich in der Wohnküche versammelt. Ich grüße und gehe gleich durch die Wohnung ans Bett der alten Frau. Die Tür aber bleibt offen. Das sollte sich rächen.

Stumm geben wir uns die Hand. Was sollen jetzt die Begrüßungsformeln. Wir haben beide einen Kloß im Hals. Es könnte die letzte Begegnung sein. Abschied liegt in der Luft. Stumm setze ich mich auf die Bettkante.

»Nähe ist wichtig«, sagt Julius. »Ganz wichtig. Das habe ich erst im Laufe meines langen Medizinerlebens gemerkt, dass Nähe und Vertrautsein mehr Heilung bringen als Bayer und Hoffman-Laroche zusammen.«

»Aber man muss vorsichtig sein, dass man nicht überzieht«, antworte ich ihm.

Das Macht- und Liebesspiel von Nähe und Distanz, das zwischen allen Menschen zu jeder Zeit abläuft, verdichtet sich am Krankenbett auf wenige Zentimeter Distanz.

Und so sitze ich bei Frau Fritsch und schweige. Aus der Küche hören wir die leisen Stimmen der Familie. Unsere Augen begegnen sich. Da kommt ihre fahle Hand und zieht mich eher symbolisch als physisch etwas näher zu sich hin.

Sie will mir etwas sagen. Etwas, was in der Küche vielleicht nicht gehört werden soll. Denn reden kann sie fast so laut wie immer.

Dann kommt es: »Herr Pfarrer, Sie müssen mir helfen.«

Jetzt hat sie ihre Augen fest auf mich gerichtet. Sie strahlt Entschlossenheit aus.

Was will sie? Sonst war sie doch eher weinerlich. Davon ist heute keine Spur. Sie drückt mir fest die Hand. Wieder ein Signal. Was will sie nur?

»Können Sie für mich zur Apotheke gehen?«

Ich ahne, was kommt. Aber ich will es nicht wahrhaben. Ich falle ihr ängstlich in den nächsten Satz. Ich muss Zeit gewinnen.

»Was soll ich denn in der Apotheke? Ihre Tochter in der Küche hat doch alles für sie besorgen lassen.«

Sie schüttelt unwirsch den Kopf. Ihr Gesicht liegt zwischen ihren platt gedrückten Haaren wie auf einem vornehmen Kissen. Den Schmerz lässt sie sich nicht anmerken. Nie. »Himmelsleitergesicht« geht mir durch den Kopf. Von der Tochter will sie offenbar nichts wissen.

»Es geht nicht um normale Medizin«, flüstert sie. »Das wissen Sie so gut wie ich. So gut kennen wir uns nun doch schon. Erst recht durch all die letzten Monate.«

Sie hat Recht. Ich weiß, was sie will. Die fromme alte Frau, die über Jahrzehnte ihrem Glauben und ihrer Kirche die Treue hielt, scheut sich nicht, ihren Pfarrer in die Apotheke zu schicken, um ihr Gift zu besorgen.

»Herr Pfarrer, Sie sind heute zum letzten Mal hier. Ich weiß, dass Sie morgen früh weg müssen. Es stand ja im Gemeindebrief. Und wer weiß, was mir an Schmerzen in den nächsten Wochen noch bevorsteht. Und da ist niemand, den ich anschreien kann. Und da ist erst recht niemand, an den ich so eine letzte Bitte richten könnte. Meine Tochter hat Angst. Aber Sie doch nicht!«

Mein Gott, sie hat mich! Sie drückt mich mit größter Selbstsicherheit an meine moralische Wand.

Was denkt die sich? Ich kann doch nicht in die Apotheke rennen und um etwas Morphium bitten.

Aber kann ich ihr das sagen? Will sie nicht doch nur eines: Rettung? Rettung aus tiefstem Schmerzenstal?

Ich versuche auszuweichen. Ich weiß nicht, was ich tun soll. Mutig will ich schon sein. Aber wenn ich hier mutig bin, riskiere ich im Ernstfall nicht nur meinen Job. Ich riskiere alles. Ich habe Angst.

»Frau Fritsch, Sie haben Recht, wir kennen uns ziemlich gut. Und ich gebe zu, ich traue mich nicht recht. Es ist auch nicht so einfach, wie Sie es sich vielleicht vorstellen. Okay, ein Pfarrer ist eine Respektsperson. Nicht nur für den Bürgermeister. Aber in der Apotheke bekommt auch der Pfarrer die stärksten Sachen nur auf Rezept. Nicht einmal der Arzt kann sich so viel Morphium holen, wie er will. Es ist komplizierter, als Sie meinen, ehrlich! Wie wäre es denn, wenn ich mit Ihrer Ärztin spreche und sie ein wenig mehr darauf achtet, wie stark Ihre Schmerzen sind?«

»Ach, Herr Pfarrer, das habe ich doch. Aber da tut sich nichts. Nein, es ist wirklich mein letzter Wunsch auf Erden an Sie, dass Sie für mich jetzt in die Apotheke gehen und holen, was sie holen können. Es wird Ihnen schon was einfallen.«

Jetzt kommt sie mir auch noch moralisch. Letzter Wille, letzter Wunsch.

Normalerweise bin ich auf diesem Ohr taub, weil es nie der letzte Wille ist. Aber hier ist er es offenbar wirklich.

»Ich kann nicht. Ich kann nicht, Frau Fritsch.«

Wir beide haben unter dem Gewicht unseres Gesprächs ganz vergessen, dass die Küchentür immer noch aufsteht. Und beide bemerken wir nicht, dass unser Gespräch nicht mehr nur flüsternd abläuft. Sie drängt auf mich ein. Ihre Sprache wird lauter. Und ich verteidige mich. Auch das nicht mehr sehr leise.

»Ich kann einfach nicht. Schauen Sie, das würde ja bedeuten, dass ich Ihnen in ein, zwei Stunden irgendetwas besorge und dann gehe. Und hinter meinem Rücken sterben Sie dahin. Das ist doch feige von mir. Oder? Wenn ich selbst so weit wäre wie Sie, dann müsste meine Seele auch in der Lage sein, jetzt meinen Händen den Befehl zu geben, Ihnen sehenden Auges den Hals zuzudrücken.«

Zur Demonstration nehme ich die Hände hoch und führe sie Richtung Hals der Frau. Ein paar Zentimeter vor ihrer Kehle bleiben meine Hände stehen. Wer nicht hören will, kann vielleicht sehen.

»Sehen Sie, wozu ich bereit sein müsste. Das kann ich nicht. Meine Seele ist noch nicht so weit. Gebären braucht neun Monate. Oft genug eine schmerzensreiche Zeit, bis ein kleiner Mensch aus einer fremden Welt in unsere durchstoßen kann. Und Sterben und Sterbenlassen sollte mindestens auch neun Monate Leidenszeit für alle Seiten bedeuten, bevor man sich auf Taten besinnt. Hören Sie, für beide Seiten! Ich kann nicht, Frau Fritsch. Ich kann nicht!«

Das mit dem »Ich kann nicht!« müssen die in der Küche mitbekommen haben. Denn Monate später bekomme ich die Voruntersuchungen zur Einleitung eines Disziplinarverfahrens ins Haus geschickt.

»Kenne ich«, schmunzelt Julius. »Die eigenen Leute sind es, die einen auf seinen Wegen am meisten im Weg stehen. Aber wenn du die Knüppel zwischen deinen Beinen nicht spürst, kannst du sicher sein, dass du nicht auf deinem Weg bist.«

Ich nicke. Ich habe ja schließlich meine eigenen Erfahrungen machen müssen. Und mache sie noch heute.

»Das ist bei der Kirche so. Das ist bei den Medizinern so. Wahrscheinlich überall. Weißt du, Julius, ich hab mich nicht getraut, ihr was zu besorgen. Das ist die Wahrheit. Obwohl ich es im Grunde richtig finde. Ein paar Voraussetzungen gehören sicher dazu. Das lange Leiden, eventuelle auch Einverständnis der Familie und und und. Da muss man drüber nachdenken. Aber einfach nur hängen lassen zwischen Himmel und Erde, schmerzhaft und angstverzerrt, das geht so ohne weiteres auch nicht. Das macht kein reines Gewissen. Weißt du, schuldig wirst du immer.«

»Wem sagst du das!«

»Ich hab dir das nur erzählt, weil ich mit dieser eher harmlosen Geschichte zeigen wollte, dass ich an meiner Feigheit gescheitert bin. Aber ich könnte dir die Geschichte auch weitererzählen. Da kommt nämlich noch ein erstaunliches Ende.«

Selten habe ich Julius Hackethal so aufmerksam und so geduldig beim Zuhören erlebt. Ist es nur das Interesse des Medizin-Ethikers? Oder steckt mehr dahinter?

*

Im Grunde ist das Ende schnell erzählt. Beim Abschiednehmen ziehe ich gegenüber der Sterbenden meine letzte Trumpfkarte. Ich kann doch nicht so einfach gehen und sie hilflos in ihren Kissen zurücklassen. Ich verspreche ihr etwas. Ich verspreche ihr, jetzt schnurstracks in unsere kleine Kirche zu laufen und alles, was an Kerzen verfügbar ist, zum Altar zu tragen und sie anzuzünden. Ich werde niederknien und beten und beten und beten. Der Himmelsvater soll schon mitkriegen, dass es mir ganz und gar nicht egal ist, wie ein alter Mensch qualvoll stirbt.

Vierundzwanzig Stunden später, ich bin mit der Reisegruppe unserer Gemeinde gerade in Irland eingetroffen und telefoniere nach Hause, um unsere wohlbehaltene Ankunft zu vermelden, da informiert mich meine Sekretärin, dass Frau Fritsch in der Nacht verstorben sei. Ich bin irritiert. Falle wieder in meine Don-Camillo-Frömmigkeit und beschließe, für die alte Frau oder für den Himmelsvater in der erstbesten Kirche im fernen Dublin eine Kerze anzuzünden.

Jetzt ist Julius dran. Er will es kurz machen. Sagt er. Er redet nicht gerne über eigene Probleme. Wie lange hat es gedauert, bis dass er sich bei einem Freund die Lunge röntgen ließ? Verdränger! Typisch für einen Mann, der weiß, dass der Kampf verloren ist und Weglaufen nicht geht.

So wenig er sich um seinen eigenen Leib kümmerte, so wenig kümmerte er sich um seine Seele. Wenigstens sah es so aus.

Und so sind es auch nur ein paar Andeutungen, die mich bitten, hilfreich zu sein. Für den Fall, dass auch er irgendwo zwischen Erde und Himmel, Leben und Sterben stecken bleiben sollte.

Das Steckenbleiben ist für ihn weniger eine Frage der Schmerzen als der Würde. Er will nicht würdelos sterben. Für den Fall der Fälle hat er die Kontakte längst geknüpft. Und die nennt er mir. Sie führen in die Schweiz. Doch er glaubt nicht, dass es notwendig sein wird.

»Ich habe nur noch drei Monate. Jetzt ist Juli. Also den August noch und den September. Im Laufe des Oktobers wird es vorbei sein mit mir.«

Ich habe nie zu den Menschen gehört, die den Worten und Signalen der Sterbenden die Aufmerksamkeit rauben.

Von wegen: Sag das nicht! Das darfst du nicht sagen! Aber, hallo, du wirst doch noch hundert Jahre alt!

Alles nicht. Ich höre. Da kündigt mir ein Mensch seinen nahen Tod an. Und er macht das so präzise, dass ein Widerspruch zwecklos ist. Er sagt sogar noch mehr.

»Es wird so sein: Zuerst werde ich nicht mehr richtig sehen können. Ich rechne, das wird in etwa sechs Wochen der Fall sein. Die Metastasen sind ja längst in meinem Gehirn. Und dann kann es sein, nein, es ist ziemlich wahrscheinlich, dass ich nicht mehr sprechen kann. Wie ein Autist laufe ich dann die letzten Tage meines Lebens durch die Welt. Und ihr werdet nicht wissen, ob ich euch verstehe. Denn die anderen Körperkräfte lassen am Ende alle zusammen ganz rapide nach. Dann geht es ganz schnell. Drei Monate! Komm, lass uns die Zeit nutzen.«

Wir machen ein Video. Ein schlichtes Interview. Fliege fragt, Hackethal antwortet. Und das legen wir für den Tag X in den Tresor.

Im September kommen die Sehstörungen. Und als der September vorbei ist, verliert Julius seine Fähigkeit zu sprechen. Wie Kinder benutzen wir eine Schreibtafel. Kopfnicken, Kopfschütteln. Mehr ist nicht drin.

Die Frage aller Fragen, wie es denn mit der Würde des Menschen sei, der da gerade Abschied von der Welt nimmt, die stellt sich nie. Dem Himmelsvater sei Dank.

Epilog

Eben bin ich meinem »Pferdeflüsterer« begegnet. Monty Roberts. Er ist von Amerika eingeflogen und nun mein Gast in meiner Fernseh-Sendung. Er hat mich, ohne es zu wissen, zu diesem Buch animiert. Ich sage es ihm nicht. Jeder Anspruch, selbst ein »Menschenflüsterer« zu sein, ist viel zu hoch gegriffen. Wenn es denn je einen gibt oder gab, dann kam der aus Nazareth in Galiläa. Der Mann, der wie ein Sohn, ein Menschensohn, von seinem Himmelsvater lernte, seinen Menschengeschwistern wieder Würde, Zeit und Raum zu geben. Jesus, der Menschenflüsterer! Und genauso wie ich auf seinen Namen getauft bin, trag ich auch diesen neuen.

»Menschenflüsterei« ist ein Versuch, die Ideen des Monty Roberts und seiner Pferde auf den jesuanischen Umgang mit Menschen zu übertragen.

Auf allen Gebieten der Forschung und Wissenschaft wird es sanfter. Ein Paradigmawechsel liegt in der Luft.

Dem Geist der Zukunft steht die Gewalt im Weg.

Die Parole des neuen Jahrtausends heißt: Weg von Herrschaft und Knechtschaft! Hin zu einem geschwisterlichen Umgang auf diesem Planeten.

Ein unscheinbarer Mann ist er. Einer, der vermutlich ganz anders ist, als es sein gestrenger Vater erwartete. Kein Cowboy kommt da auf mich zu. Kein Go-West-Typ. Da tritt kein breitbeiniger Held auf die Bühne. Ein leiser Mann steht da. Ein Flüsterer eben. Einer, der selber leidvoll lernte, der Macht des Liebens und Verstehens zu vertrauen. Einer, der selber einmal das »Fohlen« seines Vaters war und von ihm geknebelt und gefesselt wurde, um seinen Stolz zu brechen wie den der wilden Pferde.

Aber Roberts ist eben auch ein Mann, den sie sein Leben lang über den Tisch ziehen konnten. Finanzleute, Rechtsanwälte, Medienmenschen. Gesandt wie ein Schaf unter Wölfen. Gegen wen hat er eigentlich jemals gewonnen?

Will er überhaupt gewinnen? Wahrscheinlich nicht. Er will weniger. Wenn mehr weniger ist. Und weniger mehr.

Er will »erkennen«. Das ist etwas ganz anderes. Seit Urzeiten schon. »Erkennen« im biblischen Sinn heißt immer »lieben«. Ineinander kriechen. Das bedeutet, dass er nicht richten, nicht brechen, nicht sortieren will. Keine Auslese treffen. Die guten Pferde in die Zucht, die schlechten in die Wurst. Er will auf dem Hintergrund seiner gesammelten Erfahrung schauen, welches Wesen mit welchen Gaben und Begabungen da vor ihm steht. Was sagt der Gang, was die Mähne, was die Größe, was die Zähne? Denn wo die Gabe des Tieres ist, da könnte auch die Aufgabe dieses Wesens liegen. Das ist beim Säugetier Mensch nicht anders.

Er ist ein Mann, der lernen musste zu warten. Alles hat seine Zeit. Es geht nichts mit Biegen und Brechen. Auf den richtigen Augenblick kommt es an. Mit dieser Erfahrung ist Roberts kein Kind mehr. Warten können, setzt Erwachsensein voraus. Kinder wollen hier und jetzt. Jagen in jedem Zoo den Tieren hinterher, um sie zu fangen. Erwachsene nehmen Distanzen wahr.

Roberts wartet auf die Möglichkeit, irgendwann näher kommen zu dürfen. An die Seite des Tieres, an die Seite der Menschen. Denn auf Distanz allein kann man nicht »erkennen«.

Menschen wie Pferde müssen sich in die Augen geschaut haben. Wer bist du, Mensch? Wer bist du, Pferd? Irgendwo dahinten, weit hinter der Rückwand des Augapfels, ist die Ewigkeit, der Himmel. Das Wissen, aus dem wir alle kommen, der Ursprung. Engel, die wir alle sind. Boten füreinander. Helfer.

Und dann das »Geschenk« des Flüsterers, der sein Gegenüber erkannt hat. Roberts gibt es immer in dem Moment, in dem er zuvor seinem Gegenüber die Grenzen und auch Ausweglosigkeiten gezeigt hat. Das Geschenk des Flüsterers heißt: Komm, fürchte dich nicht. Ich gehe voran. Wenn du willst, kannst du mir folgen. Es ist keine Herrschaft über dich. Es ist das Dienen, das in jeder echten Herrschaft liegt. Wie Sprechen und Antworten im Grunde eines ist. Dann irgendwann in aller Ruhe das Zaumzeug über den Kopf. Wieder nicht als Symbol des Herrschens und des Dienens. Eher ein Werkzeug für ein zweifelsfreies Verstehen.

Und bei all den Schritten sieht man ihn immer ohne jedes Hilfsmittel. Schutzlosigkeit ist sein Panier, sein Zeichen. Da taucht noch einmal das Risiko auf, das in jeder Beziehung liegt, die auf die Würde beider Seiten baut. Sie kann scheitern. So wie Mr. Roberts mit mehr als nur Lampenfieber zur Queen Mum nach England flog, um vor ihr und ihren Pferden zu zeigen, was er kann oder was die Pferde können. Es kann alles schief gehen. Mit den Pferden, mit den Menschen. Denn es geht nicht um Herrschaft.

Wie oft ist es auch bei mir schief gegangen.

Immer wieder!

Der alte Bergmann hatte Vertrauen gefasst. Bei einer Hochzeit lernen wir uns kennen. Irgendwann kommt er in meine Sprechstunde und sagt, wie es für ihn ist: Ausweglos! Ich höre ihm zu. Sage kein Wort, als er für die nächsten Tage seinen Selbstmord ankündigt. Mit seinem Wagen gegen den Baum. Da habe ich ihn nur umarmt, habe geweint, als er weinte, hab geantwortet, als er nach dem Himmel fragte.

Nach möglichen Strafen und ob er angenommen wird oder nicht. Dann ist er gegangen. Und die Zeitungen schrieben später, dass die Ursache des Unfalls, in dem ein PKW auf schnurgerader Landstraße gegen einen Baum fuhr, unklar ist.

Fehler?

Fehler!

Manchmal hat man eben nur die Wahl zwischen Pest und Cholera.

Die Mutter aus einer deutschen Großstadt erzählt, dass sie an AIDS erkrankt ist. Ihr Mann auch. In meinen Unterlagen von ihr steht, wie es dazu gekommen ist. Berufsrisiko wäre die richtige Andeutung. Niemand soll sie vor dem Fernseher identifizieren können. Wir beschließen daher, sie mit Perücke und Sonnenbrille auszustatten. Ihre Stimme wird der Tontechniker verzerren.

Die Geschichte ist mir zu wichtig, um sie in diesen HIV-bedrohten Zeiten einfach unter den Tisch fallen zu lassen.

Aber wir vergessen bei den Vorsichtsmaßnahmen, dass die Frau ihren halbwüchsigen Sohn mit ins Studio gebracht hat. Er kennt die Geschichte seiner Eltern. Er selber ist vorher geboren. Also gesund.

Da filmt während der Sendung ein Kameramann wie üblich die Zuschauer ab. Der Junge kommt ins Bild. Und zu Hause, in seiner Stadt, wird er von Schulkameraden identifiziert. Von ihm auf die verkleidete Frau als seiner Mutter zu schließen ist keine große Leistung. Verheerende Folgen für den Jungen.

Fehler!

Großer Fehler!

Ich telefoniere, schreibe Briefe, versuche alles. Doch Fehler bleibt Fehler. Und wieder gutmachen kann man ihn nur selten.

»Und vergib uns unsere Schuld,
Wie wir vergeben unseren Schuldigern!«

War das eigentlich auch ein Fehler, als der enttäuschte Ehemann und Vater mitten in der Nacht sein Messer durch den Briefkastenschlitz des Pfarrhauses blitzen ließ? Ihm einfach das Messer abzuschwatzen und ihn nach Hause zu schicken? Na klar! Er kam doch wieder, als er sich getäuscht sah. Und wieder stand er vor meiner Tür. Das Spiel begann von vorne.

Das hätte ein x-beliebiger Polizist sicher auch tun können. Die Frau und das Kind schützen und verhandeln. Was war denn falsch?

Ich bin nicht wirklich an seiner Seite gewesen. Ich habe nur so getan. Ich habe ihn getäuscht, als ich sagte, ich könne ihn verstehen. Leere Worte. Heute würde ich versuchen, es anders zu machen. Vielleicht so:

»Okay, deine Frau und deine Tochter sind hier. Die schlafen. Es steht drei zu eins gegen dich. Keine Frage. Deine Frau, der Pfarrer und deine Tochter. Das ist nicht fair. Und da kämpfst du eben. Allein gegen die ganze Welt.«

Ich muss ihm ein bisschen Zeit lassen, in sich reinzuhorchen. Stimmt das, was der Pfaffe da sagt?

Ich höre nichts. Kein Geräusch, keine Aktion. Er denkt nach. Ein gutes Zeichen. Also rede ich langsam weiter. Mit ein bisschen Pause am Anfang.

»Hey, ich mach dir einen Vorschlag. Hörst du mich? Wir lassen die beiden hier schlafen und ich komm raus und ich gehe mit dir nach Hause. Verstehst du mich? Bis morgen früh ist noch eine verdammt lange Zeit. Wir könnten reden und schlafen, je nachdem. Wir machen einen Plan, wie wir alle aus der Scheiße rauskommen. Was hältst du davon?«

Stille. Das kann wieder die Ruhe vor dem Sturm sein. Das kann aber auch Unsicherheit und Überlegen sein. Wie gut kann man eigentlich überlegen, wenn man eine Fahne hat, die durch Haustüren und Briefschlitze weht? Ich sollte aufpassen. Nicht mitgehen.

Jetzt nicht mehr weiter zögern. Nicht mehr weiter quatschen. Jetzt handeln. Vertrauen. Wache Schutzlosigkeit sollte doch unser Zeichen sein. Es gibt einen Mantel, der schützt. Den bekommt man erst dann zugeworfen, wenn es kalt wird. Nicht vorher. Glauben heißt Vertrauen lernen.

»Also, ich komm jetzt raus. Wir gehen zu dir. Dann steht es zwei zu zwei. Alles ist noch drin. Aber kannst du das Messer wenigstens hier lassen?«

Dann würde er das Messer wegwerfen. Auf den Betonfußboden vor der Haustür des Pfarramtes. Und wir gingen die paar hundert Meter zu seiner Mietwohnung und ich würde schauen, ob wir uns in dem Chaos der Wohnung einen Kaffee kochen könnten.

Morgen ist auch noch ein Tag.

Wer hat mir eigentlich das Zaumzeug des Geistlichen über den Kopf gestreift? Wem bin ich freiwillig gefolgt? Gut, da waren die Pfarrer meiner Kindheit und die in der Schule. Sie gaben mir mit vierzehn schon einen Konfirmationsspruch, der mich als Pfarrer sah. Aber der, der mir als Erstes sein Amtskleid übergeworfen hat, ist ein anderer gewesen. Pfarrer Peter Beier. Da gibt es denselben Dreischritt des Monty Roberts. Das Erkennen, das An-die-Seite-Gehen und das Dienen auf gleichen Ebenen.

Ich bin ein junges Fohlen. Mit ziemlich wilden Sprüngen. Die Haare lang. Im Winter trage ich einen Lodenmantel aus der Kriegszeit. Meine Studentenbude habe ich während meiner Abwesenheit einmal zu einer Trauerhalle mit Kränzen und Kondolenzbuch umfunktioniert. Und Siezen lasse ich mich grundsätzlich. Statt in theologischen Vorlesungen zu glänzen, interessieren mich Mädchen viel mehr. Alles ist mir zu eng, zu bieder, zu abgesprochen. Ich will nicht dazu gehören. Ich bin ein wacher, aufmerksamer Außenseiter.

Da nimmt mich ein mindestens ebenso wacher Professor an die Seite und lädt mich ein, mit ihm zu irgendeinem Pfarrer an den Niederrhein zu fahren.

Da sehe ich meinen Monty Roberts, der mich zähmte, zum ersten Mal. Ein kleiner, drahtiger Mann. Schwarze Haare, braun gebrannt. Mal ein lautes Lachen, dann wieder ein wissendes Kichern. Zähne, die zubeißen können. Der Hosengürtel zu eng geschnallt. Der ganze Mann ein Bündel von Energie. Was sieht er, als er mich sieht? Ich kann ihn nicht mehr fragen. Er ist tot.

Aber warum hat er mich damals eingeladen, wieder zu kommen? Was hat er an mir oder in mir gesehen? Warum hat er mich eingeladen, über Jahre mit ihm und seiner Familie zu wohnen? Was hat er in mir »erkannt« und geliebt? Ich weiß es nicht.

Irgendwann hat er mir seinen Talar zugeworfen. Ein altes Stück, das an den Säumen schon Moos angesetzt hatte. Grüne Zeugnisse von vielen Friedhofszeremonien.

»Hier, nimm meinen Talar. Probier mal, ob er passt. Sonntag müsste ich Gottesdienst im Nachbardorf halten. Aber ich kann nicht. Da gehst du einfach hin.« Dabei wirft er mir den schwarzen Mantel zu. Ich muss ihn auffangen.

»Aber?«

»Was für ein ›Aber‹?«

»Ich bin doch nichts. Ich bin nicht ordiniert, ich bin kein Geistlicher. Ich bin kein Amtsträger. Nichts!«

»War Jesus auch nicht«, ist seine trockene Antwort. »Der Talar wird dir helfen.«

Ich hielt meinen ersten Gottesdienst in der Amtstracht meines geistlichen Vaters.

Was hat er bloß gesehen? Es bleibt sein Geheimnis.

Später steht er mir bei, wie es keiner vor ihm und nach ihm getan hat. Während wir Studenten Kirche und Bischöfe verspotten und die mit all ihrer Macht zurückschlagen, kämpft er für uns. Er kann zwar nicht verhindern, dass ich aus dem Amt fliege. Oder um es genau zu sagen, dass ich es erst gar nicht antreten darf.

Ich bekomme Berufsverbot. Meine Predigt sei zu schlecht gewesen. Ungenügender Fliege! Pfarrer und Kirche ade! Aber schon nach einem Jahr hat er die Machtverhältnisse so verändert, dass ich, wenn auch unter strengen Auflagen, wieder aufgenommen werde.

Und dann, viele Jahre später, ich bin längst einer der Pfarrer seines Bischofssprengels, bestellt er mich zu sich. Da ist die dritte Stufe zwischen Meister und Schüler herangereift. Er hat mich einbestellt, um mir ein Geheimnis anzuvertrauen. Sein Geheimnis.

»Ich habe dich hierher gebeten, weil du der Einzige bist, den ich kenne, der auf keiner Ebene von mir abhängig ist.«

Mehr hat er erst einmal nicht gesagt. Da wusste ich, was er vielleicht schon damals, im ersten Augenblick unseres Zusammentreffens, gesehen hat. Mein Wildsein. Mein oft verzweifeltes Schwimmen gegen den Strom. Wildsein bedeutete ja auch Freiheit und Sehnsucht. Eine Sehnsucht nach einem anderen Umgang. Eine Sehnsucht nach einem anderen Leben für alle.

Diese Sicht der Dinge habe ich nie verraten. All die Jahre nicht. Ich verriet sie nicht, als ich in seinem Jugendkeller die Zähne verlor. Und ich verriet sie nicht, als mich die Oberkirchenräte an die Luft setzten. Und jetzt auch nicht, wo das Scheinwerferlicht meint, mich stromlinienförmig schleifen zu können.

»Ich brauche deinen Rat«, hat er damals gesagt. Wir waren in seinem Büro. Und er schloss die Tür zum Vorzimmer seiner über die Jahre vertrauten Sekretärin. Nicht einmal sie, durch deren Hände alles ging, sollte Zeugin sein.

Dann erzählte er mir seine Geschichte. Und ich, der Schüler wurde zum Lehrer, zum Ratgeber. Sein Verzicht auf die Macht war komplett. Schutzlos stand er vor mir. Er hat mir alles gesagt.

Ist das auch eine Art, den Segen der Väter den Kindern weiterzugeben? Wenn die Väter ihren Kindern, leiblichen oder geistigen, seelischen oder geistlichen, ihr Geheimnis anvertrauen? Genau das ist doch der alte Weg der Initiation, dass der Lehrer seinem Schüler alles ausliefert, am Ende sogar sich selbst.

Warum sind meine Väter alle tot? Der leibliche und all die geistigen Väter? Alle Männer, die ich aufzählen müsste. Alle, die Zweige, Äste, Stamm und Wurzeln meines Lebens sind und mir meine Kraft gaben, sind tot. Und keiner von ihnen, ausgenommen mein alter Großvater, wurde auch nur annähernd so alt, wie die Statistik einen Mann in Mitteleuropa werden lässt.

Warum mein leiblicher Vater starb? Wenn man es medizinisch kurz und verkürzt beantwortet, weil er unter Bluthochdruck litt und ihn die Ängste seines Lebens eine Niere kosteten. Aber ist das eine Antwort für einen Sohn? Sie ist genauso ungenügend wie technische Erklärungen von Zugunglücken. Die Warum-Fragen der Verzweifelten wollen nie eine andere Antwort. Warum-Fragen sind Äußerungen der Seele und nicht des Kopfes. Die einzige hilfreiche Antwort, auf die man stößt, ist die eigene Verlorenheit und der Schmerz, wenn man sich alleine wieder aufrappeln muss. Da ist sie dann wieder, die Verlorenheit und die Hilflosigkeit des Kindes. Mitten im Erwachsenenland.

Warum ist Dharma tot? Weil er an AIDS starb. Aber warum bin ich jetzt allein, ohne ihn? Will ich wirklich wissen, warum? Will ich mich wirklich als Historiker meines eigenen Lebens verdient machen? Oder will ich wissen, wohin es mich führt, dass auch er nicht mehr für mich da ist? Was für ein Sinn könnte hinter der ständig wiederkehrenden Einsamkeit liegen?

Wozu bin ich allein? Damit ich selber wachse? Ohne seine ständige Korrektur? Ist das immer noch das Priester- und Schamanenschicksal? Um meinen und anderer Menschen Weg zu finden? Und nicht einen Weg, den mein Meister, mein Rabbi, mein Lehrer und mein Vater für meinen halten? Darf man so antworten und dem Tod eines Menschen einen Sinn geben?

Warum sind die Pfarrer, die mich mit einem einzigen Wort oft auf meinem Weg begleiteten, tot? Weil sie Krebs hatten. Und weil sie mich mit ihrem plötzlichen Tod und dem damit verbundenen Vermächtnischarakter auf meinem Weg festigten? Die Trauernden treten so gerne in die Fußstapfen der Gegangenen. Sie versuchen, ihnen damit ein wenig zu folgen.

Warum ist Peter Beier tot? Der rheinische Kirchenführer, Bischof, Präses, Prediger, Wortmann und mein Freund und geistlicher Vater? Weil er an Herzversagen starb? Weil er sein Geheimnis weggab, weggeben musste?

Sie sind alle schon in der anderen Wirklichkeit. Einer oder zwei von ihnen werden da sein, wenn ich eine Hand brauche, die mich hält. Solange aber bin ich ihr gemeinsamer Sohn.

Hinweis

Um die seelsorgerlich gebotene Schweigepflicht bzw. das Beichtgeheimnis zu wahren, wurden Namen und verifizierbare Umstände verändert. Geblieben sind die Namen meiner großen Lehrmeister wie Stephan Dartnell und Peter Beier.

144 Seiten, mit Hörkassette, ca. 80 Min. Spielzeit
ISBN 3-7766-2195-8

Berthold A. Mülleneisen

Heilgebete

Gesundheit aus eigener Kraft

Das Gebet besitzt eine uralte Tradition und eine heilende Kraft. Die Heilgebete dieses Buchs entstammen der täglichen Praxis des Autors mit Patienten. Mülleneisen besitzt als Therapeut auf dem Gebiet der Psychosomatik und der geistigen Heilung eine wohl einzigartige Erfahrung. Mit Hörkassette.

Herbig

160 Seiten, ISBN 3-485-00848-6